AF404410

LA
LIBERTÉ DE LA LIBRAIRIE

ET DE

L'IMPRIMERIE

RECUEIL DE PIÈCES PUBLIÉ A L'OCCASION DE L'ENQUÊTE

VOTÉE PAR LE CORPS LÉGISLATIF

PARIS

AU BUREAU DE LA BIBLIOGRAPHIE DE LA FRANCE

1, RUE BONAPARTE, 1

1860

La nomination, par le Ministre de l'intérieur, d'une commission chargée de procéder à l'enquête votée par le Corps législatif et d'étudier les questions relatives à l'organisation de la Librairie et de l'Imprimerie, a ranimé les espérances qu'avait éveillées, il y a deux ans, la présentation du projet de loi sur la presse, qui proposait la suppression des brevets délivrés par le gouvernement, et leur remplacement par une simple déclaration. Il semble impossible que ces industries restent plus longtemps en dehors du droit commun, qu'on ne leur applique pas prochainement les principes de liberté de travail qui, depuis 1789, ne sont plus discutables.

Pour porter la conviction dans tous les esprits, pour mettre à l'abri de discussions oiseuses des vérités démontrées depuis longtemps par des esprits distingués, il nous a paru qu'il serait utile de réunir, pour mettre sous les yeux de toutes les personnes qui auront à s'occuper de la question, les brochures, rapports, discours, etc., qui nous paraissent fixer les vrais principes. La majorité de nos confrères ayant partagé notre manière de voir, nous faisons paraître aujourd'hui les pièces capitales d'un procès dont nous espérons saluer bientôt une solution conforme au droit et à la justice.

Nous avons suivi, pour le classement de ces pièces, à peu près l'ordre chronologique, qui a quelque rapport avec la filiation des idées qui se sont successivement manifestées. Nous en indiquerons ici les titres :

1° La *Pétition adressée au Sénat par les Éditeurs de Paris*, en janvier 1869, qui nous donne le droit d'affirmer les opinions libérales de la Librairie parisienne ;

2° La brochure parue en 1861, sous le titre de *l'Instruction populaire et le Suffrage universel*, due à notre regrettable et éminent confrère, M. L. Hachette ;

3° La partie du Rapport du jury de l'Exposition de Londres en 1862 (classe XXVIII) ayant pour titre : *Des Moyens d'assurer la prospérité des Arts graphiques* ;

4° La partie de la discussion (empruntée au *Moniteur*) de la Loi sur la Presse au Corps législatif, ayant rapport à notre sujet (Art. 15), c'est-à-dire le *Rapport de M. Pinard*, — le *Projet de loi*, — le *Rapport de M. Nogent Saint-Lau-*

rens, — les *Discours de MM. E. Pelletan, Berryer, Rouher, Nogent Saint-Laurens, Jules Favre*, etc., relatifs aux brevets d'imprimeur;

5° Le *Discours de M. Jules Simon* au Corps législatif, sur les brevets de libraire, prononcé à la fin de cette discussion;

6° La brochure de M. E. Hamelin, de Montpellier, ayant pour titre : *La Liberté de l'Imprimerie au point de vue des intérêts de l'Industrie typographique*, si justement remarquée au moment de sa publication, en 1867, lors de la réunion d'un congrès des imprimeurs des départements.

Ch. LABOULAYE,

Président du Cercle de la Librairie, de l'Imprimerie,
de la Papeterie, etc.

Octobre 1869.

PÉTITION ADRESSÉE AU SÉNAT

PAR

LES ÉDITEURS DE PARIS

(JANVIER 1869)

Messieurs les Sénateurs,

A la dernière session législative, le Gouvernement avait proposé, par un article du projet de loi sur la presse, la suppression des brevets d'imprimeur et de libraire. Des questions tout à fait secondaires, et surtout la réclamation formulée par les imprimeurs de Paris au sujet de l'indemnité qu'ils pensaient leur être due pour leurs brevets, ont fait ajourner une réforme nécessaire.

Les Éditeurs de Paris soussignés ont l'honneur de prier le Sénat de vouloir bien inviter l'administration à appliquer, sans retard, à l'industrie typographique les principes de liberté industrielle qui, depuis 1789, sont la loi fondamentale du travail dans la société moderne, principes qui, souvent et heureusement appliqués de nos jours à des in-

dustries soumises à des règlements surannés, ne peuvent être plus longtemps violés à leur égard sans compromettre l'avenir de leur industrie.

Pour l'imprimerie, l'état actuel ne saurait se prolonger.

La liberté de coalition accordée aux ouvriers leur permet de triompher facilement de la résistance que voudraient opposer à leurs exigences les maîtres imprimeurs brevetés, si peu nombreux aujourd'hui. Nous en avons la preuve dans ce qui vient d'avoir lieu à propos d'un nouveau tarif des prix de main-d'œuvre imposé, sans discussion, aux Imprimeurs de Paris par leurs ouvriers; tarif complexe qui modifie notablement les conditions de la production.

La concurrence équitable, d'où devrait sortir la valeur vraie d'un juste salaire, ne serait possible que si le nombre des patrons était celui que comporte l'organisation naturelle, celui qui résulterait du libre exercice de la profession.

Cette liberté serait un grand bienfait pour les ouvriers, qui auraient la possibilité de réussir en devenant maîtres à leur tour, ce que le prix des brevets et l'accroissement forcé d'établissements peu nombreux leur rendent presque impossible aujourd'hui.

Liberté de se coaliser, pour les ouvriers, et restriction administrative du nombre des patrons, ne sauraient exister simultanément. Nous réclamons instamment la liberté pour tous.

Pour la librairie, les brevets, qui réduisent à quatre mille le nombre des libraires d'un pays qui compte près de

40,000 communes, ne peuvent être défendus. Leur création, qu'il est difficile de s'expliquer, ne saurait être que le résultat d'une confusion faite par le législateur, à cause de la similitude des noms, entre le libraire-éditeur qui fabrique les livres et le libraire détaillant qui les vend.

Il n'y a pas là de question d'indemnité ; et, au point de vue de la surveillance, que peut-on désirer de mieux que des commerçants patentés, établis à demeure fixe, toujours faciles à retrouver s'ils vendaient jamais quelque livre dont la circulation ne fût pas licite ?

Si la France est un des pays du monde où on lit le moins, c'est surtout au petit nombre de libraires qu'il faut l'attribuer. L'enfant, qui a appris à lire à l'école primaire, oublie bientôt le peu qu'il sait, parce que les livres ne s'offrent pas à lui. En vain cherchons-nous, par des annonces de journaux, des voyageurs-placiers, etc., à stimuler la vente de nos publications, rien ne peut remplacer le concours de vendeurs nombreux, établis, connus de tous, faisant voir à chaque habitant de la localité les livres qui lui conviennent.

Nous ne craignons pas de le dire, la restriction du nombre des libraires n'est pas seulement la cause d'un grand dommage pour notre industrie, c'est une mesure de lèse-civilisation qui n'a aucune raison d'être. Personne n'ose plus soutenir aujourd'hui qu'il faut gêner l'instruction de la nation tout entière !

Nous avons l'honneur de soumettre ces observations à la sagesse de Messieurs les Sénateurs, et, pleins de confiance

dans leur bienveillant concours pour voir tomber les en-
traves qui arrêtent l'essor de notre industrie,

Nous avons l'honneur d'être, avec respect,

leurs très-humbles serviteurs.

AILLAUD, GUILLARD et Cᵉ.	DENTU.	MAILLET.
ALBANEL.	DE VRESSE (A.).	V. MASSON et fils.
AMYOT.	DILLET.	MOREL.
ASSELIN.	DOUNIOL.	PALMÉ.
BACHELIN-DEFLORENNE	DRAMARD-BAUDRY.	PICARD.
BAILLIÈRE (Germer).	DUNOD.	PICHON-LAMY.
BAILLIÈRE (J.-B.) et fils	DURAND (Auguste).	POUSSIELGUE et frère.
BAUDRY (J.-B.).	FOURAUT.	REINWALD.
BERTRAND (Arthus).	FURNE.	RIGAUD (Amable).
BEST, imprimeur-libraire	GARNIER frères.	RORET.
BIXIO.	GAUME frèr. et DUPREY	ROTHSCHILD.
BOHNÉ.	HACHETTE (L.) et Cᵉ.	RUFFET (Régis).
CHALLAMEL.	HUILLERY.	SARLIT.
CHARPENTIER.	LABOULAYE (Ch.).	SAVY.
COLAS.	LADRANGE.	TANERA.
COTILLON.	LAPLACE.	THORIN.
DEGORCE-CADOT.	LE BAILLY.	TOLRA et HATON.
DELAGRAVE.	LECOFFRE.	WATTELIER.
DELAHAYE (Adrien).	LETHIELLEUX.	
	LÉVY (Michel) frères.	

L'INSTRUCTION POPULAIRE

ET

LE SUFFRAGE UNIVERSEL

(Brochure publiée en 1861, par M. L. Hachette)

L'auteur de cette brochure n'est ni un écrivain de profession, ni un publiciste. Porté par goût et par état à suivre le mouvement de l'instruction populaire en France, il a depuis plus de trente ans étudié à un point de vue pratique les causes qui en ont retardé jusqu'ici le progrès, et les moyens de la faire arriver à son développement légitime.

Une circonstance particulière a donné lieu à la publication de quelques-unes de ses idées sur cette question intéressante.

Un homme d'État éminent, grand jurisconsulte, qui plus qu'un autre peut être frappé des résultats de l'ignorance populaire tels qu'ils sont constatés dans les statistiques de la justice criminelle de notre pays, et qui recherche avec ardeur tous les moyens de la combattre, visitait, il y a quelques semaines, une des grandes imprimeries de Paris. En parcourant l'immense salle où vingt-cinq machines à double ou quadruple puissance reçoivent en blanc et rendent tout imprimées dans leur mouvement rapide et continu des montagnes de papier, il demandait quel était, en moyenne, le nombre de feuilles imprimées chaque jour dans l'établissement :

« Un nombre équivalent, si l'on met les feuilles bout à

bout, à deux cent vingt kilomètres de longueur, lui répondit-on, soit une bande de papier qui couvrirait le chemin de Paris au Havre.

— L'écoulement est-il en rapport avec une si puissante fabrication ?

— La presque totalité des publications qui sortent de cette imprimerie sont spécialement destinées à l'instruction populaire ; un grand nombre d'autres établissements typographiques à Paris et dans les départements sont dirigés vers le même but ; mais leur production réunie à la nôtre équivaut à peine à la dixième partie des livres qui pourraient être débités en France, si les obstacles administratifs et fiscaux n'entravaient pas les éditeurs.

— Voudriez-vous me rédiger une note sur cette question importante ? Donnez les explications et justifications nécessaires ; elle ne passera pas inaperçue. »

Cet appel fait avec bienveillance et avec le désir sincère de s'éclairer sur la situation intellectuelle du pays a été l'occasion de cet écrit, que notre interlocuteur nous a autorisé à communiquer au public.

L'INSTRUCTION POPULAIRE

ET

LE SUFFRAGE UNIVERSEL

———————————

I

Nous avons en France des littérateurs, des savants et des écrivains de tous genres, dont les travaux exercent une influence immense sur le monde entier. Ils ont pour lecteurs un certain nombre d'hommes que leur éducation libérale, leurs goûts particuliers, les nécessités de leur profession ou l'indépendance de leur fortune mettent à même de suivre attentivement le mouvement des lettres, des sciences et des idées, de s'y associer et d'en faire un instrument d'ambition honorable ou de simple jouissance intellectuelle. Mais au-dessous de cette classe qui conserve dans notre pays le dépôt des connaissances humaines, qui travaille à l'augmenter sans cesse ou qui en tire les plus douces satisfactions, il existe une immense population, jusqu'à laquelle n'arrivent que quelques lueurs de cette instruction si éclatante dans la région supérieure. Cependant c'est cette population qui tra-

vaille et dont le labeur infatigable enrichit la France, qui
alimente les armées, au sein de laquelle se retrempe et se
rajeunit sans cesse la classe plus élevée, qui fait les grandes
révolutions et qui aujourd'hui est investie du droit redoutable de choisir et d'imposer au pays son chef, son gouvernement, ses représentants au Corps législatif et dans les
conseils généraux, les défenseurs de ses intérêts immédiats
dans les communes.

II

Il serait intéressant qu'à certaines périodes déterminées,
le gouvernement fît dresser une statistique de l'instruction
générale du pays.

On y établirait le nombre de catégories nécessaire pour
faire connaître les voies intellectuelles où les esprits se sont
jetés de préférence, et juger si l'équilibre existe entre tous
ces efforts dirigés vers des buts si différents.

La statistique projetée aurait pour objet de faire connaître :

Pour les professions libérales, le nombre des individus
qui les exercent ;

Pour les autres professions :

1° Le nombre de ceux qui ne savent ni lire ni écrire ;

2° Le nombre de ceux qui, ayant appris à lire et à écrire
ou à lire seulement, ne tirent aucun parti de ces moyens
d'instruction pour leur développement intellectuel ;

3° Le nombre de ceux qui lisent effectivement et ont acquis un degré d'instruction plus ou moins avancée ;

Pour les enfants des deux sexes, le nombre de ceux qui fréquentent les écoles secondaires et primaires ou sont instruits à domicile, et de ceux qui ne reçoivent aucun enseignement.

Une statistique ainsi dressée ferait connaître la direction donnée aux études diverses, la surabondance ou la pénurie des efforts individuels dans telle ou telle voie, l'ignorance absolue ou partielle d'une partie plus ou moins grande de la population ; en un mot, l'état d'instruction du pays.

III

Pour entreprendre de pareilles recherches, il faut qu'un gouvernement soit profondément convaincu de l'utilité et des avantages de l'instruction générale pour une nation.

S'il reconnaît que la misère et l'abjection sont habituellement les compagnes de l'ignorance, s'il admet comme un fait que l'instruction populaire est la base la plus solide sur laquelle on puisse établir le développement moral et politique d'un peuple, qu'il se mette résolûment à l'œuvre ; qu'il n'hésite pas à pénétrer jusque dans les dernières couches de l'ordre social et à constater l'état d'ignorance profonde où languissent des millions de créatures humaines. Il reconnaîtra bientôt que cette ignorance est la principale cause à laquelle il faut attribuer les mauvaises passions qui agitent sourdement les classes inférieures, l'esprit de routine et la lenteur des progrès en toutes choses.

On croit généralement que l'instruction primaire est le remède à cette triste situation, et les divers gouvernements qui se sont succédé depuis 1830 se sont fait un honneur de contribuer à son développement par la construction de maisons d'école, l'établissement d'écoles normales primaires et l'amélioration du sort des instituteurs.

On a déjà fait assurément beaucoup de choses utiles. Mais qui pourrait être satisfait de l'organisation en France de l'instruction primaire? La plupart des instituteurs français ont à peine le nécessaire pour vivre. Leur condition matérielle les place, dans les campagnes, au-dessous des plus petits cultivateurs et même des artisans. Leur position est non-seulement misérable, mais encore précaire. On peut les changer de résidence et les suspendre, les révoquer sans donner de motifs. Les agents inférieurs de l'autorité ont sur eux trop de prise et leur font quelquefois durement se 'ir leur dépendance. Un tel état de choses attiédit le zèle, hérisse de désagréments de toute sorte une carrière déjà ingrate par elle-même, et inspire trop souvent le désir de la quitter. Dans ces conditions, il est impossible que les écoles primaires réalisent tout le bien qu'on a droit d'attendre d'elles.

Si on veut en France une instruction primaire forte et au niveau des besoins du pays, il faut au plus tôt faire sortir les instituteurs de cette condition affligeante.

Une élévation convenable des traitements et une certaine indépendance, voilà les deux conditions auxquelles des jeunes gens d'une certaine valeur consentiront à entrer dans la carrière de l'enseignement primaire et à la suivre avec zèle et dévouement.

V

Il est certain que ce développement de l'instruction primaire dans les communes est un but que le gouvernement ne peut perdre un instant de vue, et qu'il doit chercher à atteindre par tous les moyens dont il peut disposer.

Mais il faut aussi le reconnaître, les écoles primaires, même avec la meilleure organisation possible, ne peuvent répandre qu'une très-petite somme de connaissances dans le pays. S'il est vrai que dans les lycées et autres établissements d'enseignement secondaire, les jeunes gens acquièrent plutôt les moyens de s'instruire qu'ils ne s'instruisent effectivement, on peut dire à plus forte raison que les écoles primaires mettent entre les mains des enfants, par la lecture et l'écriture, les moyens d'arriver plus tard aux connaissances qui leur sont nécessaires, plutôt qu'elles ne leur donnent ces connaissances. Elles ouvrent le sillon ; elles y jettent bien peu de semences.

C'est après la sortie de l'école, quand l'esprit a reçu un certain degré de culture et qu'il a appris à connaître et à employer ces signes ingénieux qui constituent les langues écrites, c'est alors seulement que commence le développement sérieux des facultés intellectuelles et morales. En un mot, l'école prépare les esprits ; mais l'instruction ne peut se développer que chez les adultes, quand ils ont pris rang dans la vie sociale.

VI

La France a trente-sept millions d'habitants. Voyons le degré d'instruction générale auquel ils sont aujourd'hui parvenus.

Il résulte de la statistique militaire dressée en 1857, que sur 310,289 jeunes gens maintenus sur les tableaux de recensement et sur les listes de tirage, il y en avait :

> 97,875 ne sachant ni lire ni écrire ;
> 9,992 sachant lire seulement ;
> 192,873 sachant lire et écrire ;
> 9,549 dont on n'a pu vérifier l'instruction.

310,289

C'est donc environ le tiers de ces jeunes gens qui n'avait point reçu l'instruction primaire.

La même année, 475,000 garçons sur 2,250,000 et 533,000 filles sur 2,593,000 ne fréquentaient pas les écoles.

Mais, malheureusement, la fréquentation de l'école est pour un grand nombre d'élèves inscrits presque stérile. La maladie des parents ou des enfants, la moisson, mille autres causes occasionnent des absences si fréquentes que le bénéfice de l'enseignement est entièrement perdu. La moitié au moins des élèves n'appartiennent à l'école que sur le papier.

Si l'on ajoute enfin que la plus grande partie des pères et mères sont nés dans un temps où il existait peu d'écoles, on ne s'écartera pas sensiblement de la réalité en posant comme un fait que le nombre d'hommes, de femmes et d'enfants qui savent lire et écrire en France n'excède pas de beaucoup la moitié de la population.

Mais si l'on demande maintenant combien dans cette moitié il y a d'individus qui utilisent cet admirable instrument de la lecture mis dès l'enfance entre leurs mains, et qui s'en servent pour étendre leurs connaissances et développer en eux le goût du vrai et le sentiment du beau et du bien, on sera bien obligé de répondre que l'instrument reste sans emploi et se rouille chez les neuf dixièmes au moins de ceux qui le possèdent, et qu'un dixième seulement, soit deux millions de Français au plus, en font réellement usage.

VII

Quelle plus belle tâche pourrait se proposer un gouvernement que celle de faire participer toute une population, ne fût-ce que dans des proportions très-inégales, à la jouissance de cette masse de connaissances que chaque génération contribue à grossir et qui est le plus précieux patrimoine du genre humain !

Il ne peut être question ici de former un peuple de lettrés ou de savants ; mais ce qui est possible et ce qui donnerait à la nation française une grandeur sans pareille, serait de faciliter à tout individu né en France, dans la mesure de ses besoins et de ses aptitudes, les moyens d'acquérir ces idées générales qui constituent la vie morale, intellectuelle et politique, et mettent celui qui les possède en état de mieux comprendre et de mieux remplir ses devoirs d'homme et de citoyen.

VIII

La condition générale des classes inférieures en France est encore de vivre péniblement de leur labeur quoti dien et de s'estimer heureuses quand elles parviennent à suffire aux besoins les plus rigoureux de leur existence. Elles ont le sentiment d'un état de choses meilleur et elles s'agitent quelquefois violemment pour y parvenir. C'est là le principe des révolutions sociales. C'est là la source des inquiétudes d'un grand nombre d'esprits sensés quand ils envisagent l'avenir. Il est évident qu'il s'est opéré depuis soixante ans un grand changement dans notre société. Le système ancien, qui déshéritait les masses au profit de quelques classes privilégiées, est complétement ruiné. L'idée nouvelle s'est fortement établie, et il faut reconnaître que tout homme venant au monde a le droit de s'asseoir au banquet social. La tâche et le devoir du gouvernement sont aujourd'hui d'éclairer la population sur la valeur de ce droit. Les priviléges ont été abolis; les obstacles qui enfermaient les classes inférieures dans des barrières infranchissables ont été levés. Mais ces bienfaits de la législation nouvelle ne suffisent pas. Il faut éclairer les esprits et leur faire voir que le bien-être physique et moral ne peut être acquis, et que les droits sociaux et politiques ne peuvent être exercés qu'au moyen de l'instruction et du travail. L'instruction dont on parle ici ne se borne pas à quelques notions littéraires ou scientifiques; elle comprend avant tout un ensemble de principes religieux et moraux suffisants pour diriger notre conduite dans la vie.

IX

Ces principes religieux et moraux, comment les fera-t-on pénétrer dans l'âme humaine ? Il serait désirable que les ministres des différents cultes eussent assez d'autorité pour attirer la population entière à leur enseignement, et que l'éducation donnée dans les familles par les pères et mères préparât convenablement les enfants à la pratique des devoirs privés et sociaux. Mais l'insuffisance actuelle de ces deux grands moyens d'instruction est notoire, et un gouvernement qui s'occupe incessamment de l'amélioration physique et morale de la population dont le sort lui est confié, doit chercher avec persévérance tous les moyens de compléter l'action religieuse et paternelle.

Parmi ces moyens, le plus puissant est, sans contredit, la diffusion de toutes les idées saines qui peuvent fortifier les bons instincts et étouffer dans leur germe les mauvaises passions.

X

Le gouvernement a compris depuis longtemps l'utilité de cette moralisation et de cette culture intellectuelle des masses.

Les ministères de l'intérieur et de l'instruction publique

ont patronné et encouragé plusieurs entreprises de bibliothèques communales. Mais les résultats n'ont guère répondu
à leur attente. D'abord personne n'ignore que ces entreprises sont en général de véritables spéculations sur les ressources communales. Les bons livres ne se commandent
pas et ne se font pas à prix d'argent. La science même est
insuffisante pour les produire. Ils naissent dans certaines
circonstances et quand le besoin s'en fait sentir. Il se trouve
alors des écrivains, quelquefois inconnus, qui comprennent
vivement ce besoin, l'étudient sous toutes ses faces et produisent en silence l'œuvre destinée à le satisfaire. Au lieu
de faire fabriquer hâtivement et par des plumes inexpéri-
mentées un nombre quelconque de livres pour l'instruction
du peuple, l'administration devrait rechercher avec soin ces
œuvres écloses naturellement, qui se répandant toutes seules,
grâce à leur valeur réelle et à leur opportunité, ont obtenu
sans bruit et sans effort la faveur populaire. Quelques volumes choisis chaque année parmi les publications qui ont
la notoriété d'un grand succès, désignés avec un certain éclat
à l'attention publique et répandus dans les écoles d'adultes
dont on encouragerait ainsi le développement, contribue-
raient puissamment à la diffusion de l'instruction générale.

Les académies et les sociétés savantes ont également essayé de faire rédiger et même de publier par elles-mêmes
des livres populaires. On sait les minces résultats de la publication entreprise en 1848 par l'Académie des sciences
morales et politiques. Il ne suffit pas d'être un grand écrivain ou un savant pour écrire un ouvrage de cette nature.
Il faut avoir la connaissance profonde des besoins des classes
laborieuses pour leur présenter la nourriture intellectuelle
qui leur convient. Un homme qui aura pu vivre au milieu

des ouvriers et étudier leurs besoins sera souvent mieux préparé qu'un académicien pour écrire le livre qui doit être goûté par eux et développer leur instruction morale et politique.

XI

Les bons livres ne suffisent pas pour assurer le développement de l'instruction populaire. Le gouvernement ne peut atteindre ce but qu'en appelant les publications périodiques à son aide.

Il n'y a lieu d'établir ici aucune exception. Les journaux politiques doivent concourir à cette noble tâche aussi bien que ceux qui sont exclusivement consacrés aux sciences, aux lettres et à l'agriculture.

Que peut redouter le gouvernement? Armé comme il l'est de lois terribles pour la répression des moindres abus, ne doit-il pas contre-balancer et justifier ce pouvoir énorme par la liberté des publications? Un journal qui peut être suspendu ou supprimé après deux avertissements, par l'autorité administrative, sans l'intervention des tribunaux, ne peut en vérité porter aucun ombrage au pouvoir.

Les paroles remarquables que l'Empereur a prononcées il y a quelques jours dans le conseil des ministres et qui ont été reproduites avec un immense effet devant le Corps législatif par son honorable président, retentissent encore dans le pays tout entier. Le gouvernement est loin d'être satisfait de ce silence complet qui s'est fait dans la presse et dans les corps politiques. Il appelle lui-même sur ses actes la publi-

cité et le contrôle ; il veut s'appuyer sur l'opinion publique.
Mais il ne peut y avoir de publicité réelle, ni de contrôle sérieux, ni d'opinion publique éclairée avec les entraves qui
arrêtent en France la circulation des livres et des journaux.

XII

Ces entraves sont les lois et règlements spéciaux concer-
nant le commerce des livres, les tarifs de la poste, le timbre,
et les refus d'autorisation pour les journaux.

Les uns compriment la librairie ; les autres maintien-
nent les publications périodiques dans les limites les plus
étroites.

XIII

Le commerce de la librairie n'est pas libre en France.
L'Annuaire publié par le Cercle de la librairie et de l'imprimerie constate qu'il n'existait en 1860, dans nos départe-
tements, que 4225 libraires, répartis de la manière suivante :

Dans les chefs-lieux de préfecture	1761
Dans les chefs-lieux de sous-préfecture..	1108
Dans les chefs-lieux de canton..........	1393
Dans les communes rurales	105
Total..........	4225

L'administration avait accordé en outre quelques autorisations pour la vente ou la location des livres et un certain nombre de permis de colportage. Mais aucun document officiel ne fait connaître au public l'état de ces autorisations et de ces permis, dont le nombre est d'ailleurs fort restreint.

Si on envisage la librairie au point de vue de la production des livres, il est évident que le nombre de libraires indiqué ci-dessus est plus que suffisant. Mais si on le considère au point de vue purement commercial, il sera facile de démontrer qu'il est tout à fait au-dessous des besoins.

Il est bon de constater d'abord que le commerce de la librairie ne repose pas sur un de ces besoins impérieux qu'il faut satisfaire à tout prix et à un moment déterminé. A défaut d'un magasin de librairie établi dans la localité, la plus grande partie du public se passe de la marchandise. Ceux-là seulement qui en sentent vivement le besoin font les démarches et les sacrifices nécessaires pour se la procurer à tout prix. Le désir d'acheter un livre ne naît en général que quand on l'a sous les yeux, qu'on peut le feuilleter et en entrevoir le contenu. La publicité des annonces ne produit qu'un mince effet en comparaison des résultats d'un étalage permanent. Il serait donc du plus haut intérêt, je ne dis pas seulement pour le commerce de la librairie, mais pour l'instruction populaire, que le nombre des libraires fût au moins décuplé, ou, en d'autres termes, qu'il y eût au moins un dépôt de livres dans chaque commune.

L'administration n'a pas besoin de délivrer, à cet effet, 40,000 brevets. Si elle ne veut pas donner une entière liberté au commerce des livres, il suffit qu'elle accorde à tout homme de bonnes vie et mœurs l'autorisation de tenir soit un commerce spécial de cette marchandise, soit d'ajouter accessoirement cette branche à un commerce d'une autre nature. Les brevets seraient réservés aux éditeurs exclusivement.

XIV

La liberté, fût-elle entière, ne suffirait pas pour assurer le développement complet de ce commerce si important. Les tarifs postaux sont un obstacle insurmontable à la circulation des livres.

Pendant bien des années encore, le paysan ou l'artisan qui vivent à peine de leurs salaires journaliers ne comprendront guère qu'il leur soit permis de distraire une part quelque peu notable du produit de leur travail pour l'acquisition d'un livre ou d'un journal. Quelques petits ouvrages très-variés et d'un bon marché extrême, quelques publications périodiques mensuelles ou hebdomadaires à très-bas prix, voilà les imprimés que la librairie peut d'abord faire pénétrer jusqu'au foyer des cultivateurs et des artisans.

Ni les chemins de fer, ni les entreprises de voiture qui existent aujourd'hui, ne sont organisés pour faire le transport de colis aussi minimes. A les prendre dans leur ensemble, les livres et les numéros de journaux qui pourraient être vendus dans les communes rurales formeraient une masse énorme. Mais distribués au fur et à mesure des besoins entre 37,000 localités environ, dont la plupart n'ont que des communications irrégulières avec les chefs-lieux d'arrondissement et de canton, ils ne peuvent donner lieu qu'à des envois d'un poids inférieur en moyenne à cinq cents grammes.

La voie des chemins de fer ou des voitures ordinaires serait donc ou impraticable ou trop onéreuse.

En outre, certaines publications, et notamment celles qui sont périodiques, demandent à arriver à destination promptement et à jour fixe.

Enfin, les lois et règlements qui concernent le transport des imprimés ne permettent pas au-dessous d'un kilogramme la libre circulation des feuilles périodiques non politiques, et en réservent par privilége le transport à l'administration des postes.

C'est donc cette administration qui, à tous les titres, doit dans ces circonstances être intermédiaire entre les éditeurs et le public.

L'honorable directeur général qui est chargé aujourd'hui de l'administration des postes a plus d'une fois déjà provoqué des mesures libérales dont la librairie française ressent les heureux effets et dont elle lui garde une profonde reconnaissance. Il n'ignore pas ce qui reste à faire. La réforme n'est encore que partielle. Le service de la poste a été considérablement étendu ; des diminutions de tarifs ont été accordées. Mais on n'a pas encore songé à ces millions d'individus qui n'écrivent ni ne reçoivent aucune lettre, qui n'envoient ni n'attendent aucune de ces valeurs ou de ces échantillons de marchandises dont on peut aujourd'hui charger les correspondances. Le moment est venu de faire quelque chose, ou pour mieux dire, de faire beaucoup pour eux. Il faut que la poste se charge de leur apporter au plus bas prix possible l'instruction religieuse, morale, politique et industrielle. Nous ne demandons pas à l'administration de prendre l'initiative d'une mesure extraordinaire. Nous désirons seulement qu'elle suive l'exemple donné par la Belgique et adopte les tarifs de nos voisins. En Belgique, l'affranchissement des journaux est d'un centime par numéro, suppléments compris. Les livres circulent également dans tout le royaume au prix d'un centime la feuille, quelle qu'en soit la dimension.

Ces tarifs ne laissent sans doute pas un boni considérable au chapitre du budget afférent au service de la poste belge, mais le gouvernement belge s'est peu préoccupé du côté fiscal de la question. Il s'est placé à un point de vue supérieur ; il n'a envisagé dans le monopole dont il était investi que le moyen de civiliser et d'éclairer de plus en plus la population dont la destinée lui est confiée.

Pourquoi le gouvernement français resterait-il au-dessous d'un pays voisin ? Pourquoi le prix d'affranchissement des livres et des journaux, au lieu d'être un impôt et une entrave, ne serait-il pas limité à la stricte rémunération du service postal ? Quand un numéro de journal, quel que soit son poids ou sa dimension, viendrait au prix d'un centime apporter aux ouvriers des villes et des campagnes la matière d'une lecture utile ou attrayante pour une semaine et même pour un mois entier ; quand l'affranchissement d'un livre ne coûtera également qu'un centime par vingt-cinq grammes, poids moyen d'une feuille d'impression, qui pourrait refuser l'instruction et le plaisir offerts à si bas prix ? Un gouvernement qui repose sur le suffrage universel, ne peut laisser échapper une pareille occasion de popularité, sans compter que le fisc reprendrait d'une main ce qu'il donnerait de l'autre, puisque la consommation s'accroissant, les droits qu'il perçoit directement ou indirectement sur la fabrication des livres et des journaux et sur le mouvement des échanges s'augmenteraient en proportion.

XV

Les restrictions apportées au commerce de la librairie sont fondées sur la nécessité de la surveillance; mais on peut affirmer qu'elles ont plutôt favorisé qu'empêché la publication et la circulation clandestine des brochures politiques ou des ouvrages immoraux. Elles ont fait naître le colportage, c'est-à-dire le commerce le moins régulier, le plus difficile à surveiller. Où retrouver le colporteur qui n'a laissé dans une commune d'autre trace de son passage que quelques volumes licencieux ou impies? Au contraire, il est presque impossible que le libraire sédentaire dans une localité, sous l'œil vigilant de toutes les autorités et des pères de famille, veuille jamais s'exposer aux rigueurs d'une condamnation pour le mince bénéfice qui résulterait de la vente de quelques mauvais livres ou de quelque journal prohibé. La liberté du commerce de la librairie serait un bienfait quand elle n'aurait d'autre effet que de supprimer en grande partie le colportage.

XVI

Il faut s'expliquer ici sur les avantages et les inconvénients du timbre des journaux.

La perception d'un impôt de quelques millions sur les

entreprises de journaux n'a jamais été considérée comme une ressource naturelle du budget. Il faut le dire, c'est une entrave apportée législativement à l'essor de la presse périodique.

Lorsque la vie politique en France était limitée à une partie très-restreinte des classes élevées, cette mesure pouvait ne présenter que de faibles inconvénients. Mais peut-on dire qu'il en soit de même sous un régime où des droits politiques si importants sont conférés à tous les citoyens sans exception? Le devoir du gouvernement n'est-il pas de lever tous les obstacles qui peuvent arrêter l'instruction générale du pays?

Les journaux politiques qu'on essaye de fonder ne peuvent se développer qu'à la faveur d'une distribution gratuite considérable de numéros pendant plusieurs années, et ils périssent presque tous après quelques mois d'existence sous la charge du timbre.

Au moment où l'on rend à la presse la publicité des débats politiques et où l'on met les journaux dans l'obligation de choisir entre le silence et la reproduction complète, n'est-il pas équitable de compenser le surcroît de dépense par l'abaissement des frais de poste et la suppression du timbre? La connaissance des affaires et des intérêts généraux du pays ne peut pénétrer jusqu'aux dernières classes sociales qu'à la condition du bon marché poussé aux dernières limites.

Il importe en outre au gouvernement et au public qu'il s'établisse dans le pays un nombre d'organes suffisant pour représenter tous les intérêts légitimes et toutes les idées utiles. La presse périodique ne peut satisfaire tous les besoins de l'esprit humain qu'à la condition de prendre mille formes diverses. Dans cette immense variété d'opinions qui se combattent sans cesse, la vérité et la justice finissent bientôt par se faire jour.

Est-il besoin d'ajouter que les autorisations de journaux doivent être accordées par l'administration avec la plus grande libéralité, si le moment n'est pas encore venu de supprimer l'autorisation préalable?

XVII

On ne peut nier que les hommes qui sont appelés par leur talent ou leur profession à répandre l'instruction générale dans le pays par la publication des journaux et des livres n'ont pas toujours compris les devoirs de leur mission. Le bon et le mauvais ont été souvent mêlés dans la propagande des idées et des livres; et la sévérité des législateurs a été justifiée à certains égards.

Mais il faut choisir entre l'ignorance et l'instruction populaire, et peser les dangers de l'une avec les avantages de l'autre.

La question est de savoir si, à tout prendre, un peuple éclairé vaut mieux ou moins qu'un peuple ignorant; si des droits politiques et sociaux redoutables peuvent être maintenus entre des mains incapables, ou si l'instruction populaire doit être élevée au niveau de ces droits.

Le mélange du bien et du mal se retrouve en toutes choses, dans les diverses formes de gouvernement, dans les conditions sociales, dans les qualités mêmes de notre corps et de notre esprit. Pourquoi n'en serait-il pas de même en matière de civilisation? Ce qui est essentiel, c'est qu'en définitive la somme du bien l'emporte sur le mal. Aucun bon esprit ne peut admettre un seul instant que si tout le monde est à l'œuvre avec une égale liberté, sous la protection des lois répressives, les idées perturbatrices, les doctrines immorales l'emporteront sur la noble et légitime propagande des idées morales et des vérités scientifiques. Les lois dont le gouvernement est armé, sa vigilance, et, il faut le dire aussi, la force toute-puissante dans notre pays de l'opinion publique, suffisent pour ôter tout prétexte à la crainte.

La libre diffusion des livres et des journaux, sous la surveillance de l'État et de la magistrature, voilà le moyen le plus puissant d'éclairer et de moraliser les populations.

XVIII

Les pages qui précèdent peuvent se résumer en quelques lignes.

Les classes populaires sont ignorantes en France, et cette ignorance nuit au développement de leurs facultés morales et intellectuelles. Elles sont incapables d'exercer avec le discernement nécessaire les droits politiques qui leur ont été conférés.

L'enseignement primaire est insuffisant pour élever convenablement le niveau de l'instruction générale. Il prépare les esprits, mais ne les forme pas. Il leur donne les moyens de s'instruire, mais ne les instruit pas.

Les connaissances indispensables à tout homme appelé à la pratique intelligente d'une profession et à l'exercice de droits civils et politiques importants ne peuvent s'acquérir qu'après la sortie des écoles, par des lectures volontaires.

Deux obstacles insurmontables s'opposent à la diffusion des livres et des publications périodiques : d'abord les lois et règlements qui limitent au gré du pouvoir administratif le nombre des brevets de libraire et des autorisations de journaux ; et ensuite l'élévation des tarifs postaux en ce qui concerne le transport des imprimés et des feuilles périodiques.

Si le gouvernement consentait à déclarer libre le commerce de la librairie, et à accorder largement des autorisations de journaux ; s'il abaissait les tarifs postaux au niveau des tarifs belges, à savoir, un centime pour chaque numéro de journal y compris les suppléments et pour chaque feuille imprimée, quels qu'en soient le poids ou la dimension ; s'il supprimait l'impôt du timbre pour les journaux et brochures politiques, il donnerait une immense impulsion à la librairie française, il assurerait le prompt développement de l'instruction populaire ; il élèverait le niveau intellectuel du pays et par suite aussi son niveau moral.

Voici des chiffres significatifs que nous voudrions voir écrits en gros caractères dans les écoles, les caisses d'épargne et les mairies :

« Sur mille accusés jugés contradictoirement en 1857, année qui a donné lieu a la dernière statistique criminelle, sept cent quatre-vingt-six étaient complétement illettrés ou savaient seulement lire et écrire imparfaitement. »

Paris, le 10 février 1861.

DES MOYENS

D'ASSURER EN FRANCE UN GRAND DÉVELOPPEMENT

AUX ARTS GRAPHIQUES (1)

(Extrait des RAPPORTS *des Membres de la Section française du Jury international sur l'Exposition universelle de Londres en 1862)*

(Classe XXVIII, section I, chapitre 9.)

La prospérité des arts graphiques, comme celle de toutes les industries, réclame des débouchés croissants, l'augmentation incessante de la consommation. Quels sont donc les moyens à employer pour stimuler la demande des produits de l'intelligence que la typographie et les arts qui en relèvent mettent à la disposition du public?

Nous remarquons, tout d'abord, qu'en France, le nombre des consommateurs n'est pas en rapport avec le chiffre de la population, en dépit des incontestables progrès et de

---

(1) Si j'ose reproduire ici une partie du rapport que j'ai eu à faire comme juré sur les produits de la typographie exposés à Londres en 1862, c'est que notre président, M. Michel Chevalier, accueillant avec l'ardeur qu'on lui connaît, la réforme libérale que je formulais, voulut bien devenir mon collaborateur et revoir l'expression d'idées qu'il partageait entièrement. Ces pages sont donc un peu l'œuvre d'un maître, et, à ce titre, elles méritent d'être conservées.   CH. LABOULAYE.

l'extension prise par l'enseignement public. Est-ce insuffisance générale des lumières, apathie intellectuelle momentanée chez la nation qui se flatte d'être à la tête de la civilisation ? Les relevés les plus dignes de foi constatent que le tiers des soldats appelés à la conscription ne savent pas lire ; nous pouvons conclure de ce renseignement qu'une partie de la population française reste en dehors de la civilisation, et que, par suite, la classe vouée à la production intellectuelle ne trouve pas dans le pays des conditions d'échange en harmonie avec son activité. Il y a donc un immense débouché à créer en France, et, de plus, on doit se demander si, même la partie qui a reçu les bienfaits de l'instruction primaire ou supérieure, emploie et entretient les connaissances qu'elle a acquises.

Ici, nous ne pouvons nous dissimuler qu'il reste beaucoup à faire pour vulgariser les notions indispensables au développement de l'esprit, qu'il ne suffit pas de savoir lire pour comprendre même les livres élémentaires, que l'enseignement primaire est trop incomplet pour dégrossir la pensée et la préparer à une culture suivie. Il y a sans doute à remédier à divers défauts et à combler bien des lacunes dans l'enseignement, mais rien ne peut contribuer plus utilement pour atteindre ce but, que tout ce qui tend à favoriser et exciter le goût de la lecture chez ceux qui possèdent déjà les premières connaissances élémentaires ; or, il est facile de reconnaître qu'il y a en France une foule d'entraves au développement de ce goût.

De quelle nature sont ces entraves ? Nous ne voulons, bien entendu, nous en occuper qu'au point de vue des intérêts de l'industrie dont nous venons de constater les efforts et les progrès. L'échange des produits intellectuels est-il libre ? nous demanderons-nous tout d'abord, car là où le com merce est gêné, l'industrie qui l'alimente doit souffrir. Les faits vont répondre pour nous. Il y a en France quatre mille deux cent vingt-cinq libraires seulement, c'est-à-dire, déduction faite de quelques grandes villes, trois mille libraires pour trente-six mille communes. Moins d'un libraire par dix communes! (Ce chiffre ne donne pas encore la réalité, car la plupart des villes ont plusieurs libraires.) Il en résulte que les trois quarts de la population française n'ont pas même les moyens de connaître les publications les plus utiles, et que, par suite, le désir de la consommation des livres ne peut naître, faute d'occasion, pour la majorité des Français. Comment, dans de semblables conditions, les efforts des éditeurs les plus capables, pour rendre les livres attrayants par l'illustration et toutes les ressources de l'art, pourraient-ils être couronnés de succès; comment réussiraient-ils à exciter la curiosité qui engendre le désir de lire, et bientôt en fait contracter l'habitude pour la vie entière?

Si nous recherchons dans quel esprit a été imaginé le système des brevets de libraires, qui limite le nombre de vendeurs de livres, nous trouvons, en consultant les discussions du Conseil d'État du premier empire, rapportées par M. Locré, que l'on eut en vue, à cette époque, d'organiser un système préventif propre à mettre la fabrication des livres sous la surveillance de l'administration. Pour atteindre ce but, il eût suffi d'astreindre les imprimeurs et tout au plus les éditeurs d'ouvrages au brevet. Pourquoi a-t-il été étendu aux libraires, qui ne sont que des détaillants, et qui ne participent pas plus à la fabrication des livres que l'épicier à celle du sucre qu'il débite? Ne semble-t-il pas que cette extension soit peu motivée! Ce qu'il y a de plus grave, c'est qu'elle est un obstacle très-sérieux au développement de l'une de nos plus admirables industries, et qu'elle empêche les publications les plus utiles, les plus propres à développer l'intelligence de parvenir aux classes populaires.

Cependant, ces livres dont il s'agit sortent des presses d'imprimeurs soumis à de nombreuses mesures préventives. Ces imprimeurs ne peuvent exercer leur industrie qu'après avoir reçu leur nomination du chef de l'État et acheté un brevet, souvent d'une grande valeur (ces brevets se payent de 15 à 20,000 francs à Paris). Ils doivent faire une déclaration préalable lors de l'impression d'un livre quelconque; ils sont soumis à la surveillance de commissaires spéciaux, qui ont le droit de visiter leurs ateliers à toute heure; enfin, après l'achèvement d'un ouvrage, ils doivent en effectuer le dépôt. Avec de semblables précautions, il semblerait que la libre circulation des livres dût être assurée, et que l'administration la plus méticuleuse ne saurait réclamer de plus complètes garanties.

Nous n'avons pas l'intention de justifier ici le système des brevets d'imprimeur, que nous ne croyons nullement indispensable pour assurer la surveillance administrative. Ne pourrait-il, en effet, et avec avantage, faire place à un régime qui ne créerait pas un obstacle presque insurmontable pour l'ouvrier intelligent, désireux de s'établir, et ne gênerait pas le jeu de la libre concurrence, qu'il est impossible de contrarier sans susciter nécessairement des difficultés pour la fixation des salaires (1)?

(1) Il nous semble difficile de ne pas reconnaître la justice des réclamations des imprimeurs qui, comme ceux de Paris, ont acquis leurs brevets à titre onéreux, tendantes à recevoir une indemnité le jour où on les détruira. C'est là une question d'expropriation, de contentieux du ressort du Conseil d'État, mais il n'en résulte aucune raison pour faire durer plus longtemps un privilége qui viole la liberté de travail, de commerce et d'industrie, qui est un de ces grands principes de 1789 que la Constitution reconnaît, confirme et garantit comme étant la base du droit public des Français.

Mais, en tout état de choses, quel inconvénient y aurait-il à ce qu'un marchand établi dans une commune, l'épicier, le mercier, le marchand de tabac (qui tient sa commission du gouvernement), vendissent quelques livres, quelques journaux illustrés, tels que *le Magasin pittoresque, le Tour du monde, la Science pour tous*, etc.? Au lieu de quatre mille deux cent vingt-cinq vendeurs de livres, on en compterait bientôt vingt ou trente mille, car dans les bourgs, les villages, la librairie ne peut être, le plus souvent, que l'accessoire d'un autre commerce. Qu'on juge par là de l'extension possible du commerce et de la fabrication des livres, et, par suite, de la prospérité à laquelle pourrait atteindre une industrie qui met tant d'intelligences et de bras en œuvre (1)!

Aujourd'hui, les almanachs seuls, par respect pour les habitudes populaires, jouissent à peu près de la liberté que nous réclamons, ce qui a permis à leur vente d'atteindre des chiffres très-élevés. Pourquoi *le Magasin pittoresque*, cette intéressante et instructive publication, ne se vendrait-elle pas au même nombre d'exemplaires que *Mathieu Laensberg*, ce ramassis de stupides histoires, si les entraves qui gênent la vente du premier étaient levées, si elle était aussi libre que celle du second?

Les éditeurs font chaque jour des efforts pour rendre agréable et facile, par la gravure et l'illustration, l'acquisition d'une foule de connaissances utiles. Est-il un moyen plus pratique et moins compromettant de donner des encouragements à leur ingénieuse activité que de rendre libre la vente de leurs produits?

(1) Il est à notre connaissance que dans un pays où l'instruction est bien peu répandue, au Mexique, M. J. Rosa décupla pour le moins la vente de livres espagnols fabriqués en France, et fit une rapide fortune, en établissant des dépôts de livres dans les plus petits centres et chez des commerçants de tout genre.

On se plaint des routines agricoles, des mauvaises habitudes domestiques, des préjugés déplorables qui règnent dans nos campagnes ; mais quel plus rapide moyen de les combattre, de les extirper, que de généraliser l'usage, le goût de la lecture des bons livres ?

C'était pour nous un devoir de chercher à justifier la confiance qu'on a bien voulu témoigner aux jurés, en leur demandant d'indiquer les conditions essentielles de succès des industries qu'ils étaient chargés d'étudier. Nous ne connaissons rien, à ce point de vue, de comparable à la liberté du commerce des livres.

Aux États-Unis, en Angleterre, les relations de voyages, les ouvrages d'éducation et de littérature, les traités et manuels d'agriculture et d'industrie se vendent bien souvent à des centaines de mille d'exemplaires. Il en sera de même en France, quand la vente et la circulation des livres y jouiront d'une égale liberté.

D'éloquentes réclamations dans ce sens ont été produites depuis plusieurs années ; un industriel éminent, un grand éditeur, M. Hachette, dans sa remarquable brochure, l'*Instruction publique et le suffrage universel*, a plaidé avec une compétence complète la cause que nous soutenons ici. Il nous semble impossible que l'administration française, après examen, ne satisfasse pas à un vœu aussi légitime. Associer la nation entière au mouvement intellectuel, et assurer le développement d'intéressantes industries, n'est-ce pas là aider deux fois au véritable progrès, sous sa double face spirituelle et matérielle, dans ses deux grandes manifestations : la pensée et l'industrie ?

DISCUSSION

DE LA

LOI SUR LA PRESSE

AU CORPS LÉGISLATIF

(EXTRAITS DU *MONITEUR*).

Bien que spécialement destinée aux journaux, la dernière loi sur la presse comprenait l'abolition des brevets de libraire et d'imprimeur. Le gouvernement voyant très-bien que les facilités accordées à l'établissement des journaux y concentreraient toute la politique militante, renonçait à imposer à l'industrie typographique des entraves inutiles.

Nous empruntons au *Moniteur* les parties des rapports du projet de loi et de la discussion relatives à la question qui nous occupe.

EXPOSÉ DES MOTIFS

FAIT AU NOM DU GOUVERNEMENT

PAR M. PINARD

Une disposition annexe termine le projet et en précise le caractère. Cette disposition supprime, pour l'imprimeur et le libraire, la nécessité du brevet, et ne leur impose plus que la déclaration préalable. Le commerce de l'imprimerie et de la librairie sera libre ; la clandestinité sera seule interdite et punie. Le gouvernement ne confère plus le monopole, mais il surveille l'exploitation.

Le projet ouvre deux fois la route à .l'initiative individuelle ; il a laissé au journal la faculté de se multiplier ; il consacre, dans une sphère plus spécialement industrielle, le principe fondamental de la liberté des professions.

Ce principe doit s'incliner lorsqu'un grand intérêt social impose à l'Etat la concession des offices, ou l'oblige à n'ouvrir la carrière qu'après avoir vérifié l'aptitude. Dans le premier cas, le monopole est absolu : le nombre même de ceux que le gouvernement investit est limité et ne saurait être franchi ; dans le second cas, la limite du nombre disparaît, mais la nécessité des examens préalables demeure comme·

une légitime barrière ; or, aucune des raisons qui justifient le monopole des officiers ministériels, ou qui expliquent pour l'avocat, le médecin, le pharmacien, la nécessité de l'examen, n'a semblé de nature à motiver l'obligation du brevet de l'imprimeur ou du libraire. La liberté professionnelle a donc dû prévaloir.

Le jour, d'ailleurs, où on n'assujettit plus le journal qu'à la déclaration préalable, il eût été difficile de maintenir pour l'imprimeur et le libraire la nécessité du brevet. Le brevet n'est en effet qu'une autorisation ; or, pouvait-on faire une situation inégale, presque opposée, à l'entreprise du journal et à l'entreprise de l'imprimerie et de la librairie? Quand le journal va chercher l'abonné à domicile, quand l'imprimeur ou le libraire attend chez lui le client, il était illogique de dispenser de l'autorisation le premier, et de l'imposer au second.

Comme le journal, l'imprimerie et la librairie relèvent désormais d'elles-mêmes, sous l'unique contrôle de la loi et des tribunaux. Comme lui, elles n'attendent que la surveillance du pouvoir auquel elles donnent la déclaration ; comme lui, elles ne répondent qu'au juge de leurs infractions. La surveillance d'abord, la répression ensuite, restent vis-à-vis d'elles la double garantie de la société.

Le conseiller d'État, rapporteur,

PINARD.

EXPOSÉ DU PROJET DE LOI :

ART 45. — Les professions d'imprimeur et de libraire sont affranchies de l'obligation du brevet.

Tout imprimeur ou libraire ne peut déplacer le siége de son industrie, non plus que ses magasins et dépôts, sans en avoir fait la déclaration préalable, à Paris, à la préfecture de police, et dans les départements, à la préfecture.

Cette déclaration indique les localités où seront établis, soit les presses, soit les magasins ou dépôts.

Le défaut de déclaration préalable est puni, contre les propriétaires ou gérants, d'un emprisonnement d'un mois à deux ans et d'une amende de 3,000 francs à 10,000 francs.

L'établissement sera fermé.

(Moniteur universel, 20 mars 1867.)

RAPPORT DE LA COMMISSION

DU CORPS LÉGISLATIF.

M. NOGENT SAINT-LAURENS, RAPPORTEUR

(Déposé le 23 Juillet 1867.)

L'article 15 du projet prononce la suppression sans indemnité du brevet d'imprimeur. Sa disposition range la profession d'imprimeur dans la généralité de l'industrie ordinaire ; il veut qu'elle profite du principe de la liberté industrielle.

Votre commission a demandé la suppression de l'article 15 et son remplacement par un article 15 nouveau que nous transcrivons plus bas. Il lui a semblé que la matière était trop grave pour être tranchée sommairement par un article annexé à un projet de loi sur la presse. Il lui a semblé qu'une modification aussi considérable, qui touche à une propriété qui paraît établie et respectée depuis soixante ans, celle des brevets, qui touche à une question d'indemnité, qui soulève des questions de responsabilité nécessaire de la part des imprimeurs, des questions de police et de surveillance dans l'intérêt social, que cette modification devait être l'objet d'un projet spécial. En conséquence, elle a demandé l'ajournement de la question et la suppression de l'article.

Le conseil d'État a repoussé la suppression de l'article 15. La commission persiste par les raisons suivantes :

L'imprimerie n'est pas une industrie ordinaire ; elle est la divulgation de la pensée humaine, elle est en contact quotidien par la publication avec la société tout entière, il n'est donc pas inutile de demander à l'imprimeur des garanties de moralité et de capacités professionnelles.

L'empereur Napoléon Ier disait à une séance du conseil d'État du 12 août 1809 : L'imprimerie est un arsenal qu'il importe de ne pas mettre à la disposition de tout le monde.

L'imprimerie n'est pas un commerce ; il ne doit donc pas suffire d'une simple patente pour s'y livrer ; il s'agit d'un état qui intéresse la politique, et dès lors la politique doit en être juge.

Les imprimeurs doivent être assimilés aux notaires, aux avoués, qui n'entrent que dans les places vacantes et qui n'y entrent que par nomination.

Au surplus, où est la réclamation sérieuse contre le régime actuel ? Qui demande la suppression des brevets ? Peut-on dire sans exagération que de notre temps la publication manque à la pensée ? Où est le profit de la suppression ?

Pour les imprimeurs, il y a une question de propriété soulevée par le décret du 5 février 1810 et la loi du 23 octobre 1814, qui ont organisé la propriété du brevet.

La question d'indemnité vient se poser à son tour à côté de la question de propriété. En effet, lorsqu'en 1810 le nombre des imprimeurs fut réduit à Paris, les imprimeurs conservés durent payer une indemnité aux imprimeurs supprimés et acheter leur matériel.

Eh bien, quand on est en face de cette législation, en face

de ces circonstances, il semble téméraire d'abroger, par un article annexé à la loi sur la presse, toute cette possession d'état qui ne nuit à personne, qui paraît au contraire favorable à l'état général ; il nous a paru téméraire de briser instantanément les droits acquis d'une profession qui s'exerce à l'abri d'un serment, et d'introduire tout à coup une liberté professionnelle, liberté factice que le pays ne demande pas, dont quelques-uns affirment l'utilité, mais dont le plus grand nombre affirme le danger.

Votre commission a donc persisté à demander la suppression de l'article 15 du projet et son remplacement par un article 15 nouveau, qui serait ainsi conçu : « Il sera accordé à tout gérant qui en fera la demande un brevet d'imprimeur exclusivement destiné à l'exploitation de son journal. »

Voici la portée de cet article. En supprimant l'autorisation préalable, nous avons voulu favoriser absolument la fondation et la publication des journaux. Or, il pourrait arriver qu'un journal, par des raisons politiques, ne pût pas trouver un imprimeur. Dans ce cas et sur la demande du gérant, la concession d'un brevet serait obligatoire. Cet article a pour but de parer à des inconvénients pratiques qui, dans certains cas, pourraient diminuer l'effet de la suppression du principe de l'autorisation préalable.

Le conseil d'État a repoussé l'article 15 nouveau, qui a été maintenu par nous.

DISCUSSION

DU

RAPPORT DE LA COMMISSION

(ART. 15)

Séance du 14 Février 1868.

M. Nogent Saint-Laurens, rapporteur. Je demande à la Chambre la permission de lui faire la déclaration suivante :

L'article 15 porte que les professions d'imprimeur et de libraire sont affranchies de l'obligation du brevet.

Personne n'ignore, j'imagine, que cette disposition a donné lieu à des réclamations très-nombreuses, qui sont parvenues à la commission et qui ont dû être accueillies avec le respect et l'intérêt que mérite toujours le langage des gens qui parlent avec les prérogatives de détenteurs d'une propriété qu'ils regardent comme véritable. (Mouvement en sens divers.)

La commission était arrivée à la solution suivante : Elle voulait proposer à la Chambre, contrairement à l'avis du Gouvernement, de maintenir les brevets d'imprimeurs. Mais, après avoir réfléchi davantage, il lui a semblé que les vérifications du droit exprimé n'étaient pas assez complètes pour qu'une décision de cette gravité pût être prise d'un trait de plume, dans un seul article annexé au projet de loi sur la presse.

En conséquence, la commission a pris le parti de demander à la Chambre l'ajournement de l'article 15, et de demander au Gouvernement de vouloir bien faire une enquête sur la question du droit de propriété et sur la question d'indemnité... (Réclamations sur divers bancs. — Approbation sur quelques-uns.)

M. EUGÈNE PELLETAN. Je demande la parole.

M. LE RAPPORTEUR. Permettez-moi, Messieurs, d'exprimer complétement ma pensée. (Parlez ! Parlez !)

La commission, je le répète, a pris la résolution de demander à la Chambre l'ajournement de l'article 15, et au Gouvernement de vouloir bien procéder à une enquête sérieuse sur les intérêts les plus respectables, très-anciens, qui sont engagés à propos de la question de la propriété des brevets d'imprimeur. (Mouvements en sens divers.)

M. LE MINISTRE D'ÉTAT. Je demande la parole.

M. LE PRÉSIDENT SCHNEIDER. La parole est à M. le ministre d'État.

S. Exc. M. ROUHER, MINISTRE D'ÉTAT. Messieurs, l'ajournement demandé par la commission n'a évidemment pas pour objet de retarder le vote du projet de loi dont vous êtes saisis. La pensée de la commission, si je l'ai bien comprise, serait de remettre à une loi spéciale l'examen de la question des imprimeurs, sans discontinuer la délibération de la loi sur la presse. (Oui ! Oui ! — C'est cela !)

Le point qui nous occupe ainsi posé, le Gouvernement s'est demandé s'il devait accepter ou combattre la proposition de la commission du Corps législatif.

Messieurs, le Gouvernement pense que la liberté professionnelle des imprimeurs est utile et ne présente pas de dangers. (Très-bien! Très-bien!)

Il est disposé à penser qu'aucun droit de propriété n'existe au profit des imprimeurs, et que le caractère du décret de 1810 est celui d'un règlement de police et nullement celui d'une constitution de propriété. (Assentiment sur divers bancs.)

A cet égard, si la discussion devait s'engager, il serait possible au Gouvernement d'établir que de nombreuses décisions, dans des cas analogues, ont concouru à consacrer et à interpréter l'exercice de la puissance publique dans le sens que je viens d'indiquer.

Mais, Messieurs, nous ne nous dissimulons pas que cette question a produit parmi les détenteurs de brevets d'imprimeur une véritable émotion ; nous ne nous dissimulons pas que dans cette question il faut, non-seulement que la conviction soit faite dans le sein du Gouvernement, mais que la lumière soit complète et entière autour de lui.

Si la Chambre pense que nous devons nous livrer à une enquête approfondie dans laquelle tous les intérêts devront être entendus, pourront faire valoir leurs réclamations, faire connaître leurs prétentions diverses ; à une enquête dans laquelle devront être examinés et le mérite des réglementations en matière d'imprimerie, et la nécessité des brevets, et les dangers des presses clandestines, nous n'avons pas d'objection à faire ; nous procèderons à cette information, nous y procèderons avec loyauté, d'une manière sérieuse et complète, et, à une session ultérieure, nous présenterons au Corps législatif le résultat des investigations nouvelles et des solutions que ces investigations auront déterminées dans la pensée du Gouvernement. (Approbation sur un grand nombre de bancs.)

M. Haentjens. Je demande la parole.

M. le président Schneider. La déclaration de la commission et les paroles qui viennent d'être prononcées par M. le ministre d'État tendent à ce que, dans tous les cas, la Chambre soit consultée ; par conséquent, elle doit être en situation de se prononcer d'une façon nette dans le vote qui lui est demandé. Je crois que la Chambre pourrait manifester son opinion en votant, toutes choses réservées, sur l'amendement de la commission et de M. Pamard, tendant à la suppression de l'article 15.

M. Ernest Picard. Ce n'est pas là la question. Je demande la parole sur la position de la question.

M. le président Schneider. Je vous donnerai la parole tout à l'heure ; mais d'abord permettez-moi, je vous prie, d'achever ma pensée.

Il va sans dire que ce serait sans préjudice pour les autres amendements présentés, sur lesquels la Chambre aurait à statuer, ainsi que sur l'article 15 lui-même dont elle pourrait demander le renvoi à la commission. (Marques d'adhésion.)

Maintenant je donne la parole à M. Ernest Picard.

M. Eugène Pelletan. J'avais demandé la parole, M. le président.

M. le président Schneider. C'est vrai. Vous avez la parole.

M. Eugène Pelletan. Je demande à la Chambre la permission d'appuyer la conviction de M. le ministre d'État, et de combattre l'ajournement qu'il en fait en ce moment.

Notre honorable rapporteur déclare une enquête nécessaire, pourquoi ? Pour savoir si nous devons proclamer la liberté de l'industrie.

Plusieurs membres. Mais non ! on n'a pas dit cela !

M. Eugène Pelletan. Permettez ! le système de corporations industrielles, condamné par la révolution de 1789, ne survit en France que pour les brevets de libraire et pour les brevets d'imprimeur.

M. le ministre d'Etat nous disait tout à l'heure, et je me mets sous la protection de sa parole, vous pouvez par conséquent écouter ce que je vais vous redire avec quelque sympathie, — M. le ministre nous disait : La question a été étudiée, longuement étudiée, et, après ces études, nous avons conclu à l'abolition des brevets d'imprimeur et des brevets de libraire.

Je ne saurais croire que le Gouvernement ait adopté légèrement une semblable résolution. Certes, il a dû recueillir tous les renseignements qui pouvaient éclairer sa conviction. (Mouvements divers.)

Il y a deux questions dans l'article.

Tout à l'heure notre honorable rapporteur nous proposait d'ajourner l'article, parce que la suppression des brevets d'imprimeur soulevait une question de propriété.

Mais, Messieurs, pour les brevets de libraire il n'y a pas de question de propriété. (Assentiment à la gauche de l'orateur.) Pourquoi donc renvoyez-vous *ex æquo* à une enquête et les brevets de libraire et les brevets d'imprimeur ? L'honorable rapporteur a passé sous silence les brevets de libraire ; or, leur suppression ne saurait soulever aucune question de propriété. Par conséquent, vous pouvez accepter la division sur l'article et accepter dès à présent l'abolition des brevets de libraire. Nous n'avons pas besoin d'attendre le vote d'une loi spéciale.

Je reviens maintenant aux brevets d'imprimeur, et, m'adressant à M. le ministre d'Etat, je lui dis : Comment ! vous qui avez proclamé, sans enquête préalable, la liberté du commerce, qui avez surpris toute l'industrie par cette improvisation de liberté...

M. Pouyer-Quertier. Oh! c'est bien vrai! (On rit.)

M. Eugène Pelletan. ...Vous qui avez osé le libre échange sous votre responsabilité, et, pour mon compte, je vous approuve, je ne blâme que la surprise, — vous pourriez hésiter aujourd'hui à supprimer les priviléges des imprimeurs! Mais vous le savez bien, mais la science économique vous le crie par toutes ses voix : l'imprimerie ne prospère pas et ne peut prospérer, précisément parce qu'elle constitue un monopole, et que le monopole étouffe toujours une industrie. (Réclamations diverses.)

Vous avez aboli tous les priviléges, le privilége de la boulangerie, du courtage, de la boucherie. (Interruptions.)

Oh! je le sais bien, il y a sur tous ces bancs et dans tous les partis des hommes partisans de la protection; mais quand le Gouvernement a hautement arboré le drapeau de la liberté du travail, il doit, sous peine d'inconséquence, appliquer sa doctrine en toute occasion.

Je demande donc que le Gouvernement, d'accord avec la commission, maintienne la suppression des brevets d'imprimeur et de libraire. Ce sera l'article le plus libéral de la loi nouvelle. Voulez-vous le rejeter, soit! Mais, alors, votre vote lui retire le mérite du libéralisme.

M. le ministre d'Etat accusait l'opposition de déshonorer la loi d'avance : il commettait une erreur; il y a des portions de la loi que nous applaudissons, parce que nous les trouvons conformes à la liberté; mais toutes les portions de la loi qui sont restrictives de la liberté, nous les repoussons avec énergie, car ce sont celles qui déshonorent la loi en réalité. (Très-bien! Très-bien! à gauche de l'orateur.)

M. Haentjens. Je demande la parole.

M. LE PRÉSIDENT SCHNEIDER. M. Picard a demandé la parole sur la position de la question ; je lui donne la parole.

M. ERNEST PICARD. Je parlerai si personne ne veut prendre la parole, soit pour appuyer l'opinion de M. Pelletan, soit pour la combattre.

M. PLICHON. Je demande la parole.

M. LE PRÉSIDENT SCHNEIDER. La parole est à M. Plichon.

M. PLICHON. Je ne suis pas de ceux qui croient que le Gouvernement a bien fait d'introduire la liberté commerciale en France sans enquête préalable. Par conséquent je suis disposé, en ce qui me touche, à adhérer à la mesure qui est proposée par la commission. Mais je crois que d'ici au jour où il sera possible de résoudre, par une loi qui la réglera, la question de la suppression ou de la conservation des brevets d'imprimeur, il y aura une période intermédiaire qui s'écoulera, et pendant laquelle il est nécessaire d'assurer aux journaux qui se fonderont la possibilité de se faire imprimer.

QUELQUES MEMBRES. Très-bien ! C'est cela !

M. PLICHON. Quand la commission a proposé la suppression de l'article 15, elle a proposé en même temps un amendement qui avait pour but de satisfaire à cette nécessité. Cet amendement, le voici :

« Il sera accordé à tout gérant qui en fera la demande un brevet d'imprimeur exclusivement destiné à l'exploitation de son journal. »

Je demande que dans le renvoi qui sera fait à la commission de l'article 15, il soit tenu compte de cet amendement, sans lequel les dispositions libérales de la loi que nous discutons pourraient devenir illusoires. (Approbations sur divers bancs.)

M. ERNEST PICARD. Messieurs, je n'ai qu'un mot à dire

pour m'associer à la proposition qui vient d'être faite par l'honorable M. Plichon....

M. HAENTJENS. J'avais demandé la parole, Monsieur le président.

M. LE PRÉSIDENT SCHNEIDER. M. Picard l'avait demandée le premier.

M. ERNEST PICARD. Voici dans quel sens. Nous reconnaissons comme lui la nécessité de régler, par une disposition transitoire, la période intermédiaire; seulement, ce n'est pas par voie de déclaration du Gouvernement que cette période doit être réglée; il faut, et c'est le but de la proposition que nous faisons à la Chambre, il faut que l'article soit renvoyé à la commission, et que là, par l'usage du droit d'amendement, nous mettions la Chambre en mesure de voter la disposition que propose la commission. Je crois que sur ce point nous serons d'accord avec l'honorable M. Plichon, et j'espère que nous serons aussi d'accord avec la Chambre.

Je ne m'explique pas sur la proposition inattendue faite par M. le rapporteur au nom du Gouvernement.

M. LE RAPPORTEUR. Au nom de la commission.

M. ERNEST PICARD. Au nom de la commission d'accord avec le Gouvernement. Je me demande jusqu'à quel point il est possible, une loi étant présentée, la Chambre en étant saisie, d'en distraire un article. (Réclamations sur divers bancs.) C'est un retrait partiel du projet de loi.

Il ne faut pas se le dissimuler, vous avez le droit de rejeter l'article, vous avez le droit de le voter; mais quant à retirer d'une loi ainsi présentée une disposition qui peut être de premier ordre, c'est là une nouveauté que nous ne devons pas laisser passer sans protestation. Mais comme les protestations ne sont pas précisément ce que nous préférons faire, et que nous aussi préférons les résultats et les actes, je demande que la Chambre veuille bien renvoyer l'article à la commission, afin qu'elle puisse être saisie de la proposition qui sera faite par elle.

M. Plichon. C'est ce que j'ai demandé.

M. le ministre d'État. On demande si le Gouvernement aurait le droit de retirer un article d'un projet de loi. Cela est absolument incontestable, et ce n'est pas ce que nous faisons ; mais je pose le principe qu'il est hors de doute et de discussion que le Gouvernement, après avoir présenté un projet de loi contenant diverses dispositions, puisse retirer l'une ou l'autre de ces dispositions.

M. Ernest Picard. Je n'ai pas contesté cela ; mais je dis que ce n'est pas sous forme d'ajournement que vous pouvez retirer un article. (Bruit.)

M. le ministre d'État. Le droit du Gouvernement est incontestable, et quant à la faculté constitutionnelle, je n'admets pas un instant qu'elle puisse être critiquée. (Marques d'assentiment.)

L'honorable M. Picard ajoute : Ce n'est pas par voie d'ajournement que vous pouvez retirer un article d'un projet de loi.

La question est très-simple : le Gouvernement a proposé une disposition spéciale en ce qui concerne les brevets d'imprimeur et de libraire. Dans une conférence qui a eu lieu ce matin, la commission du Corps législatif a exprimé au Gouvernement la pensée qu'une enquête préalable comprenant tous les intérêts devait fournir une lumière utile au débat. Le Gouvernement ne s'y est pas refusé.

Maintenant, Messieurs, si vous croyez devoir aller au-delà et discuter la question au fond, nous sommes prêts à vous suivre. Si vous croyez, au contraire, devoir vous circonscrire dans la proposition faite par la commission et à laquelle le Gouvernement a donné son assentiment, vous renverrez l'article.

Y a-t-il une disposition transitoire à prendre ou n'y en a-t-il pas? Je n'ai pas à le discuter à l'avance, je ne veux pas l'examiner en ce moment ; si je l'examinais, je me demanderais peut-être si une disposition transitoire quelconque ne serait pas un préjugé considérable sur la question de propriété. Mais je m'abstiens, et j'admets volontiers que cette question même soit renvoyée à la commission. Je ne veux point en dire davantage, car je n'ai pris la parole que pour maintenir un droit constitutionnel du Gouvernement, qui me paraissait avoir été mal à propos contesté par l'honorable M. Picard. (Très-bien ! Très-bien !)

M. LE PRÉSIDENT SCHNEIDER. La parole est à M. Haentjens.

M. HAENTJENS. Permettez-moi de faire une seule observation. Quant à une disposition transitoire, elle est absolument indispensable, et je m'étonne que M. le Ministre d'État mette son utilité en doute ; si vous ne l'adoptiez pas, ce serait l'ajournement de la loi, pendant quinze à dix-huit mois, pour la plupart des départements.

Vous savez tous que dans les petits chefs-lieux des départements, c'est-à-dire dans le plus grand nombre, il n'y a qu'un imprimeur, celui qui imprime le journal de la préfecture. Eh bien, il ne veut pas imprimer le journal de l'opposition. Tous les jours, cette difficulté se présente. Que fera le Gouvernement quand il sera assailli de réclamations, et quand on lui dira : Vous avez présenté une loi sur la liberté de la presse, elle a été adoptée ; mais il nous est impossible de pouvoir faire imprimer le journal que nous voulons créer dans notre département. Que lui répondrez-vous? Je dis que cette situation serait insupportable pour le Gouvernement.

J'ajoute que M. le ministre d'État, à mon avis, nous présente la solution la plus regrettable : celle de l'ajournement de l'article 15. Il y a là un intérêt considérable que nous devons toujours traiter avec la plus grande sollicitude, un intérêt de propriété qui se regarde comme compromis, jusqu'à un certain point, depuis plus d'un an. Vous allez laisser ces intérêts encore plus de quinze mois dans cette situation déplorable pour eux, en outre des difficultés pratiques que vous créez.

La question a été étudiée, le Gouvernement la connaît parfaitement. S'il ne veut pas la discuter ou si la Chambre ne veut pas l'examiner immédiatement, que le Gouvernement s'engage à présenter le projet de loi pendant cette session-ci. (Mouvements divers.)

M. ÉMILE OLLIVIER. Je demande la parole pour la position de la question.

M. LE PRÉSIDENT SCHNEIDER. La parole est à M. Émile Ollivier.

M. ÉMILE OLLIVIER. Messieurs, il y a deux questions distinctes, toutes les deux résolues par deux textes : il y a la question de principe, la question de savoir s'il faut maintenir ou supprimer les brevets des imprimeurs.

M. EUGÈNE PELLETAN. Et les libraires.

M. ÉMILE OLLIVIER. C'est la même chose.

M. EUGÈNE PELLETAN. Non, ce n'est pas la même chose.

M. ÉMILE OLLIVIER. Si. Cette première question est résolue par l'article du projet de loi. Le Gouvernement et la commission sont d'accord pour demander que la solution soit ajournée jusqu'à ce qu'une enquête ait été faite ; j'aurais assurément préféré une discussion immédiate ; enfin je veux bien me rallier à la proposition du Gouvernement. Mais il est une seconde question, celle de savoir quelle sera la situation du fondateur d'un journal qui ne peut pas trouver d'imprimeur. Cette question se trouve résolue par l'amendement de la commission, qui déclare en termes formels que tout fondateur de journal pourra obtenir un brevet destiné à l'exploitation de ce journal.

Cette seconde proposition, Messieurs, est parfaitement distincte de la première, elle peut être examinée et résolue de suite. Je demande formellement à la Chambre qu'il en soit ainsi ; je demande que l'ajournement ne soit pas prononcé, et que nous soyons admis immédiatement à examiner et à voter le système de la commission. Et, pour donner une formule pratique à cette opinion, je m'oppose à ce qu'on mette aux voix l'adoption ou le rejet de l'article, et je propose que le vote porte seulement sur l'amendement de la commission. (C'est cela.) Si la commission retire son amendement, je le reprends. (Approbation sur plusieurs bancs.)

M. LE RAPPORTEUR. Nous ne le retirons pas.

M. ÉMILE OLLIVIER. Si la commission ne retire pas son amendement, je me borne à prier la Chambre de l'adopter. J'invoque, pour justifier mon avis, une considération tirée de la bonne foi ; et les considérations tirées de la bonne foi, Messieurs, doivent, dans une assemblée, rallier tous les esprits. (Très-bien ! Très-bien !)

Qu'avons-nous en effet voté dans le premier article de la loi en discussion ? Que tout journal pourra se publier sans autorisation préalable. Eh bien, serait-il loyal, alors que, de l'aveu de tout le monde, il peut exister un empêchement à l'exercice de cette faculté par le refus ou l'absence d'un imprimeur, serait-il loyal de ne pas accorder à quiconque veut fonder un journal le droit d'avoir une imprimerie? Ce serait l'annulation de la loi.

Pourriez-vous refuser ce droit en présence des paroles si explicites du rapport que je remets sous vos yeux ?

En supprimant l'autorisation préalable, nous avons voulu favoriser absolument la fondation et la publication des journaux. Or, il pourrait arriver qu'un journal, par des raisons politiques, ne pût pas trouver un imprimeur. Dans ce cas, et sur la demande du gérant, la concession d'un brevet serait obligatoire. Cet article a pour but de parer à des inconvénients pratiques qui, dans certains cas, pourraient diminuer l'effet de la suppression du principe de l'autorisation préalable...

La Chambre remarquera que les imprimeurs actuellement existants ne subiront en réalité aucune espèce de préjudice par l'application de cet article.

M. Pouyer-Quertier. C'est une erreur !

M. Émile Ollivier. En vérité, c'est une singulière habitude que celle de vouloir comprendre une raison avant qu'elle ait été formulée... Je dis à mon interrupteur que la disposition actuelle proposée par la commission, en réalité, ne causera aucun préjudice à aucun des imprimeurs existants.

En effet, un brevet ne serait réclamé par le fondateur d'un journal que si les imprimeurs existants refusaient de l'imprimer. Partout où il existe des imprimeurs, s'ils veulent éviter la concurrence qui résulterait pour eux de l'obtention d'un brevet nouveau, ils n'auront qu'à offrir leurs presses; quel est le fondateur de journal qui s'avisera de vouloir, dans ce cas, fonder une imprimerie ?

En principe, vous le voyez, c'est une question de loyauté et de bonne foi qui se présente à vous, je ne saurais trop appuyer sur ce point ; en fait, il y aura absence complète de préjudice pour les imprimeurs existants.

La première considération surtout, dans une assemblée loyale, doit entraîner, malgré la diversité des opinions, le vote de l'amendement de la commission. (Très-bien ! très-bien ! sur plusieurs bancs.)

M. Pouyer-Quertier. Je demande la permission à la Chambre de répondre en quelques mots à l'honorable M. Émile Ollivier.

Il vient de faire une proposition qui n'est nullement, suivant moi, contenue dans l'amendement de la commission.

M. Émile Ollivier. Mais si !

M. Pouyer-Quertier. Je vous demande pardon ; si vous voulez me permettre de lire l'amendement de la commission, vous verrez que ce que vous venez d'avancer n'y est nullement compris.

S'il y avait un moyen pratique et facile de donner la garantie que vous venez d'indiquer, je ne verrais pas grand inconvénient à autoriser ce que vous demandez ; mais malheureusement cela ne se trouve pas dans l'amendement.

M. Émile Ollivier. On l'y mettra. (Exclamations diverses.)

M. Pouyer-Quertier. ...Et cela ne peut se rencontrer dans les faits.

Voici le texte de cet amendement : Il sera accordé à tout gérant qui en fera la demande un brevet d'imprimeur exclusivement destiné à l'exploitation d'un journal.

Où avez-vous donc pu trouver dans ces termes que la commission avait imposé au journaliste l'obligation d'avoir éprouvé le refus d'un imprimeur pour être autorisé à obtenir un brevet spécial pour imprimer son journal ? Qui, d'ailleurs, constatera ce refus ? qui en appréciera la justice ?

Or, du moment que, par la loi, vous enlevez aux imprimeurs l'impression des journaux, je vous demande si vous ne leur aurez pas ôté, à Paris et dans beaucoup de localités, leur plus belle clientèle? Que deviendrait la valeur de leur brevet, une fois que vous les auriez privés de l'impression des journaux? Dans un cas tout exceptionnel, qui serait indiqué par la loi, s'il n'y avait, par exemple, qu'un seul imprimeur dans une localité, s'il refusait d'imprimer un journal qu'on lui offrirait, je comprendrais que vous puissiez autoriser la création d'une imprimerie. Mais si vous voulez maintenir la valeur du brevet d'imprimeur, comme cela m'a paru indiqué par M. le ministre d'État, et regarder ce brevet comme une propriété, vous ne devez pas, puisqu'une enquête vient d'être promise, juger aujourd'hui la question ; vous devez la laisser tout entière. (Très-bien ! Très-bien !)

Vous ne pouvez, par conséquent, porter atteinte aux droits des imprimeurs, sans les garantir préalablement, et vous ne pouvez pas autoriser des imprimeurs qui prendraient la plus belle partie de leur clientèle, c'est-à-dire de leur propriété.

Je crois donc que j'avais parfaitement compris l'argument de mon honorable collègue M. Ollivier, et il me pardonnera de l'avoir interrompu, car il a dû reconnaître que j'avais compris sa pensée avant qu'il lui eût donné tous ses développements.

Je demande le renvoi de l'amendement à la commission. (Très-bien ! Très-bien ! sur divers bancs. — Aux voix !)

M. ÉMILE OLLIVIER. Je réponds à l'honorable M. Pouyer-Quertier que le renvoi de l'amendement à la commission n'entraîne pas l'adoption de l'amendement tel qu'il est actuellement formulé. (Ah ! Ah !) C'est évident, Messieurs ; le renvoi n'a pas cette conséquence, et rien ne s'oppose à ce que l'honorable M. Pouyer-Quertier propose, s'il le croit nécessaire, la restriction qui, je le reconnais, n'est pas contenue dans les termes de l'amendement...

M. HAENTJENS. Je demande la parole.

M. ÉMILE OLLIVIER. ... restriction à laquelle, pour le moment, je consens à ne pas m'opposer. (Interruption.)

J'ai demandé le renvoi à la commission au nom de la loyauté.

UN MEMBRE. Nous sommes tous d'accord.

M. ÉMILE OLLIVIER. Je reconnais également qu'il ne serait pas loyal, si on réserve la question des brevets d'imprimeur, de trancher cette question d'une manière indirecte dans une disposition transitoire. Si donc la rédaction de la commission avait cette portée, rien ne serait plus naturel que de la modifier dans le sens de l'observation de l'honorable M. Pouyer-Quertier. Mais ce n'est pas ce qui est en ce moment l'objet de la discussion, il ne s'agit, comprenez-le bien, que de la prise en considération de l'amendement. (Interruptions diverses.)

M. HAENTJENS. Si la commission entrait dans la voie que vient d'indiquer l'honorable M. Ollivier, et qu'approuve notre collègue M. Pouyer-Quertier, on arriverait à une solution impraticable; car je mets au défi de constater ce que c'est que le refus d'un imprimeur. Un imprimeur peut vous dire : Oui, je ne veux pas imprimer votre journal. Tout le monde connaît ce genre de refus, mais il y a aussi le refus déguisé. L'imprimeur peut dire : Au lieu d'imprimer à 10 fr. la rame, je demande 20, 30, 40 fr. par rame. (Exclamations.)

PLUSIEURS MEMBRES. C'est impossible.

M. HAENTJENS. Comment, c'est impossible ! C'est, au contraire, très-possible. Lorsqu'on cherche un imprimeur pour imprimer un journal, la question du débat du prix est très-considérable, non pas seulement pour l'imprimeur, mais pour le journaliste.

J'exagère les chiffres à dessein afin de mieux faire saisir ma pensée. (Mouvements divers.)

M. BERRYER. Je demande la parole.

M. LE PRÉSIDENT SCHNEIDER. La parole est à M. Garnier-Pagès.

M. BERRYER. M. le président, je n'ai qu'un mot à dire.

M. LE PRÉSIDENT SCHNEIDER. Vous avez la parole.

M. BERRYER. Il me semble que le débat peut être en peu de mots éclairci.

Quelle est la pensée qui domine l'Assemblée? C'est celle-ci. Il faut concilier la liberté illimitée de créer des journaux avec la possibilité d'user de cette liberté. (C'est cela !)

Maintenant la commission a demandé, dans l'amendement qu'elle propose, qui peut être incomplet dans sa rédaction, que celui qui fonde un journal, en vertu de l'art. 1ᵉʳ, puisse obtenir un brevet pour exploiter la liberté qui lui est accordée par la loi. Renvoyons donc purement et simplement l'amendement à la commission, la commission le complétera.

Mais, si l'honorable M. Ollivier veut faire l'œuvre de la commission et dire : la commission verra s'il y a lieu ou non d'accorder le brevet, ou de constater un refus d'imprimeur, je dis que nous n'avons pas à délibérer sur la pensée principale, qui est de concilier la liberté de créer des journaux avec la possibilité d'user de cette liberté.

Renvoyons, je le répète, l'amendement devant la commission, ce sera le moyen le plus simple d'atteindre le but. (Très-bien ! Aux voix !)

M. LE PRÉSIDENT SCHNEIDER. Sous le bénéfice de cette discussion, je comptais proposer purement et simplement le renvoi de l'article à la commission.

M. Émile Ollivier. De l'amendement, et non pas de l'article.

M. le président Schneider. J'ajoute qu'il y aurait ainsi toute liberté pour la Chambre, car la commission aura nécessairement à faire un travail nouveau qui viendra en discussion.

M. Émile Ollivier. Pardon, Monsieur le président, ce n'est pas l'article qu'il s'agit de renvoyer à la commission ; nous ne pouvons pas accepter la question posée en ces termes.

Il y a un amendement ; tout amendement doit être mis aux voix, et voici l'importance qu'il y a à mettre aux voix l'amendement et non pas l'article. Si nous mettons aux voix l'article, Messieurs, notre vote n'a aucune signification, aucune, tandis que si nous mettons aux voix l'amendement, le renvoi aura une signification précise. Il signifiera que la Chambre veut que tout journal soit certain d'avoir un imprimeur. Et la commission n'aura plus à discuter que sur les moyens d'assurer ce résultat en ménageant tous les intérêts. (Très-bien ! sur plusieurs bancs. — Aux voix ! aux voix !)

M. le président Schneider. Quand un article est renvoyé à la commission, il est toujours renvoyé sous le bénéfice de la discussion qui a précédé le renvoi ; mais si la Chambre veut, avant de se prononcer sur le renvoi de l'article à la commission, voter sur l'amendement... (Oui ! oui !)... je vais la consulter sur la prise en considération.

M. Gressier. Sans approbation des commentaires !

M. le président Schneider. La commission n'est liée en aucun cas à propos d'un amendement, ni par le texte ni par les commentaires; elle conserve sa liberté tout entière, et la Chambre juge après. (Très-bien!)

M. MATHIEU. La commission n'entend pas s'opposer au renvoi, mais à une condition, c'est que le renvoi ne préjuge rien, qu'il laisse la commission maîtresse de ses déterminations. (C'est entendu! — Aux voix!)

M. LE PRÉSIDENT SCHNEIDER. Je consulte la Chambre.

M. ÉMILE OLLIVIER. C'est l'amendement qu'on vote? (Laissez voter! — Bruit général et confus.)

M. JULES SIMON. Il est bien entendu que le droit des autres amendements qui, sur le même article, développent un principe différent, est réservé.

M. LE PRÉSIDENT SCHNEIDER. C'est entendu! Je vais consulter la Chambre d'abord pour savoir si elle entend se prononcer sur l'amendement (Oui! oui! — Non, le renvoi!), lui rappelant que ce n'est qu'ultérieurement que je la consulterai sur l'article lui-même (Interruption)... c'est-à-dire sur le renvoi de l'article à la commission. (Agitation en sens divers.)

M. ERNEST PICARD. Nous sommes saisis de l'amendement.

M. GARNIER-PAGÈS. Je demande la parole pour la position de la question.

M. ERNEST PICARD. Je demande la parole pour un rappel au règlement.

M. le président a parfaitement raison quand il dit que tous les amendements doivent passer successivement sous les yeux de la Chambre et être mis aux voix. L'amendement de la commission vient d'être discuté, nous demandons que cet amendement soit mis aux voix.

M. LE PRÉSIDENT SCHNEIDER. Il y a dans l'amendement de

la commission un double but : le retrait de l'article 15 et une disposition nouvelle.

L'amendement de M. Panard se confond dans celui de la commission, en ce qui concerne la suppression de l'article, sans rien mettre à la place. Voilà pourquoi il doit avoir la priorité. (Très-bien! très-bien!)

La parole est à M. Panard.

M. Jules Favre. Je demande la parole sur le règlement.

M. Panard. Je prie M. Jules Favre de me laisser parler; je n'ai que deux mots à dire.

M. Jules Favre. C'est une question de règlement.... (Bruit.)

M. le président Schneider. M. Jules Favre, demandant la parole pour une question de règlement, doit avoir la priorité; en conséquence, je lui donne la parole.

M. Jules Favre, de sa place. Si j'ai demandé la parole, c'est uniquement parce qu'il me semble que ce que nous faisons n'est pas raisonnable.

Un membre. Et pourquoi?

M. Jules Favre. Pourquoi? Le voici. Le règlement veut qu'en effet on discute les amendements avant l'article. L'article est le principe; les amendements en sont le développement ou la modification. Mais supposer que par avance il soit convenu qu'on ne s'occupera pas du principe et que la discussion en sera ajournée, il est puéril...

Un membre. Mais cela n'est pas convenu!

M. Jules Favre. ...de s'occuper des modifications quand le principe est nécessairement ajourné, à moins que l'ajournement de ce principe n'ait lieu pour une modification reconnue indispensable, ainsi que l'a fait la commission. Tout en proposant de rejeter l'article 15, la commission a voulu introduire une atténuation. Que l'atténuation soit en discussion, rien de mieux; mais que nous discutions gravement des amendements qui ne peuvent avoir aucune espèce de résultat, puisque l'article, dans tous les cas, ne sera pas voté, cela me paraît indigne de la Chambre, à moins qu'elle ne veuille gratuitement perdre son temps. (Très-bien ! autour de l'orateur. — Bruit.)

M. LE PRÉSIDENT SCHNEIDER. La parole est à M. Pamard.

M. PAMARD. Messieurs, je voudrais bien qu'une fois pour toutes on ne se méprît pas sur l'intention que j'ai eue en proposant mon amendement; il m'a été inspiré par le respect de la propriété. Dans mon opinion, je crois que le brevet d'imprimeur est une propriété...

M. EUGÈNE PELLETAN. Et le brevet des libraires?

M. PAMARD. Je n'ai pas à parler du brevet de libraire, dont il n'est pas question dans mon amendement.

Il est possible que je sois dans l'erreur; mais, pour moi, je crois que les imprimeurs sont réellement propriétaires de leurs brevets. (Non ! non ! non ! non ! — Oui ! oui ! — Bruit général.)

M. EMILE OLLIVIER. Mais la question est ajournée.

M. LE PRÉSIDENT SCHNEIDER. N'interrompez pas ! Vous avez réclamé tout à l'heure l'exécution du règlement, je le suis à la lettre, et à mon tour je vous y rappelle. Laissez parler M. Pamard.

M. EMILE OLLIVIER. Non, c'est la violation du règlement. On doit discuter les amendements avant l'article, et c'est l'article même que discute M. Pamard, puisqu'il en demande la suppression. (Mouvements prolongés et bruits divers.)

M. LE PRÉSIDENT SCHNEIDER. Pardon, c'est bien un amendement, et je me conforme aux usages de la chambre en le mettant en délibération, comme étant le plus large. La parole est à M. Pamard, et je le prie de continuer en tenant compte du sentiment de la Chambre, qui me paraît vouloir hâter le renvoi à la commission. (Oui ! oui ! Non !) Ce n'est pas le moment, par conséquent, de se livrer à de longs développements.

M. PAMARD. Je ne veux pas, bien entendu, dire que le Corps législatif n'est pas animé du respect de la propriété, mais je crois que le Gouvernement est dans l'erreur lorsqu'il la dénie aux propriétaires des brevets d'imprimeur. Je me bornerai à citer l'opinion émise par Napoléon Ier dans la séance du conseil d'État du 12 août 1809. (Le bruit continue.)

Je reconnais qu'en présence de la fatigue de la Chambre je ne peux pas prolonger la discussion, mais je maintiens mon amendement, et dans le cas où il ne serait pas adopté, je me rallie à celui de la commission !

Plusieurs membres. Très-bien ! Très-bien !

De divers côtés. Aux voix ! aux voix !

M. LE PRÉSIDENT SCHNEIDER. L'honorable M. Pamard a terminé son discours en disant qu'il maintenait son amendement, et que dans le cas où il ne serait pas voté, il s'en référait à l'amendement de la commission. Je mets aux voix la prise en considération de l'amendement de M. Pamard.

M. GLAIS-BIZOIN. Celui de la commission d'abord. (Non ! non ! — Si !)

Plusieurs membres. Lisez l'amendement, M. le président. (Bruits divers.)

M. LE PRÉSIDENT SCHNEIDER. Si la Chambre veut bien faire silence, je lui expliquerai ce dont il s'agit, mais je ne veux point parler au milieu du bruit....

Plusieurs membres. Lisez l'amendement, Monsieur le président.

M. LE PRÉSIDENT SCHNEIDER. Je prie M. le rapporteur de vouloir bien donner lecture de l'amendement de la commission, pour que la Chambre sache sur quel principe elle va avoir à se prononcer.

M. ADOLPHE GUÉROULT. C'est la prise en considération de l'amendement?

M. LE PRÉSIDENT SCHNEIDER. Oui. C'est la prise en considération de l'amendement.

Un membre. D'après le règlement, il faut voter sur tous les amendements.

M. LE PRÉSIDENT SCHNEIDER. La Chambre paraissait d'accord sur le fond, et je cherchais à abréger en dégageant seulement l'idée principale; mais si l'on invoque l'observation stricte du règlement, je serai obligé de faire passer successivement tous les amendements devant la Chambre.

M. ÉMILE OLLIVIER. Certainement, si nous le demandons.

M. LE PRÉSIDENT SCHNEIDER. Si vous le demandez, vous aurez satisfaction; mais quand on est d'accord sur un principe, il me semble que la question de bonne foi dont vous parliez tout à l'heure peut prévaloir.

Je demande à M. le rapporteur de donner lecture de l'amendement de la commission.

M. le rapporteur se lève.

M. LE COMTE PAUL DE CHAMPAGNY. Mais l'amendement de M. Pamard doit passer avant. (Oui! oui!)

Voix de divers côtés. L'amendement de M. Pamard! l'amendement de M. Pamard!

M. LE PRÉSIDENT SCHNEIDER. Il semblait, à la suite de la discussion qui a précédé, que l'on fût d'accord sur le renvoi à la commission. (Non! non! — Oui! oui!)

Du moment que la discussion se prolonge, je vais faire

passer successivement devant la Chambre tous les amendements. (Oui ! oui ! c'est cela.)

M. ÉMILE OLLIVIER. Il faut mettre aux voix celui qui a été discuté.

Plusieurs membres. Non ! non ! l'amendement de M. Pamard !

M. LE PRÉSIDENT SCHNEIDER. M. Ollivier, vous avez réclamé vous-même l'observation du règlement ; eh bien ! le règlement oblige à faire passer successivement devant la Chambre les divers amendements ; les auteurs de ces amendements les retireront ou ne les retireront pas.

Le premier amendement est celui de M. Pamard, demandant la suppression de l'article 15 du projet de loi. (C'est cela ! — Très-bien ! très-bien !)

M. Pamard se lève pour prendre la parole. (Mouvement prolongé en sens divers.)

M. LE PRÉSIDENT SCHNEIDER. Quand il y a une certaine confusion dans la nature des choses, je demande à la Chambre d'écouter avec d'autant plus de calme : c'est le seul moyen d'arriver à une solution. (Marques d'approbation.)

L'amendement de M. Pamard consiste purement et simplement à supprimer l'article 15.

M. ÉMILE OLLIVIER. Ce n'est pas un amendement. C'est la discussion même de l'article, puisqu'il en demande la suppression.

M. LE PRÉSIDENT SCHNEIDER. Il a été déclaré que si cet amendement n'était pas pris en considération, il s'en référait à l'amendement de la commission.

M. HAVIN. Il le retire alors. (Non ! non !)

M. BERRYER. Mais c'est la suppression de l'article !

M. LE PRÉSIDENT SCHNEIDER. Je consulte la Chambre.

(Le Corps législatif, consulté, décide que l'amendement de M. Pamard n'est pas pris en considération.)

M. LE PRÉSIDENT SCHNEIDER. Maintenant je propose à la Chambre de ne pas passer successivement aux autres amendements, afin d'éviter une nouvelle perte de temps, et d'en revenir à la proposition que j'avais eu l'honneur de faire, consistant au renvoi de l'article à la commission; mais... (Interruption.)

M. EMILE OLLIVIER. Non ! non !

M. LE PRÉSIDENT SCHNEIDER. ...Mais préalablement, de voter sur la prise en considération de l'amendement de la Commission. (C'est cela ! — Très-bien !)

M. EMILE OLLIVIER. A la bonne heure !

M. LE PRÉSIDENT SCHNEIDER. Si vous vouliez bien me laisser parler, vous me comprendriez ; car je suis sûr d'être en présence d'une idée très-claire.

Je mets donc aux voix l'amendement de la commission.

(Le Corps législatif, consulté, décide que l'amendement de la commission est pris en considération.)

M. LE PRÉSIDENT SCHNEIDER. La prise en considération de l'amendement entraîne, par voie de conséquence, le renvoi de l'article à la commission.

DISCUSSION

DE LA

LOI SUR LA PRESSE

(ARTICLE 15)

Séance du 15 Février 1868.

M. LE PRÉSIDENT SCHNEIDER. La parole est à M. Pouyer-Quertier pour une disposition additionnelle à l'article 15.

M. POUYER-QUERTIER. Je demande à la Chambre la permission de lui présenter quelques observations sur la situation qui est faite à ceux de nos honorables collègues qui ont déjà présenté des amendements à l'article 15 de la loi sur la presse. Hier, pendant une grande partie de la séance, plusieurs amendements ont été discutés après le renvoi prononcé par la Chambre de l'amendement de la commission à elle-même. Je demande à la Chambre de vouloir bien me laisser, à mon tour, lui soumettre quelques considération sur un amendement qui avait été envoyé à la commission par plusieurs de nos honorables collègues et par moi, à propos de la question de l'imprimerie, de la liberté et des brevets d'imprimeurs.

C'est une disposition additionnelle que nous proposons d'ajouter à l'article 15. Je demande à la Chambre la permission de la lui soumettre. (Oui ! oui ! — Parlez ! parlez.) Cette disposition additionnelle est ainsi conçue :

Pendant cinq années, à partir de la promulgation de la présente loi, tout individu qui voudra établir une imprimerie typographique ou lithographique, ou bien ouvrir un commerce de librairie, devra verser au trésor public un droit d'inscription dont le produit intégral sera réparti au marc le franc entre les imprimeurs typographes, les imprimeurs lithographes ou libraires du même arrondissement actuellement possesseurs de brevets.

La quotité de ce droit, pour chaque arrondissement, sera déterminée par une loi.

La pensée des auteurs de l'amendement, au nom desquels je parle, c'est qu'il y a dans les brevets des imprimeurs une véritable propriété.

M. LE BARON DE BEAUVERGER. L'article 15 étant renvoyé à la commission, il faut aussi lui renvoyer l'amendement.

M. POUYER-QUERTIER. Je vous demande pardon, il n'y a pas eu de renvoi de l'article; c'est un amendement présenté par la commission elle-même qui lui a été renvoyé. (Oui ! c'est vrai !) Or, cet amendement ne renfermant pas les garanties que nous désirerions y trouver pour les brevets des imprimeurs, nous vous demandons la permission de donner quelques explications sur ce point. (Parlez ! parlez !)

Messieurs, si la commission, ainsi que cela peut résulter de son rapport, avait reconnu la validité de la propriété positive des brevets d'imprimeurs entre leurs mains, nous n'aurions eu aucune observation à vous présenter aujourd'hui; mais j'ai eu, hier, l'honneur de dire à la Chambre que, par suite du texte de l'amendement de la commission, je ne trouvais pas cette garantie que nous avions le droit d'attendre et d'obtenir en faveur des imprimeurs dans l'amendement de la commission, du moment où nous admettons avec elle que c'était une véritable propriété. C'est là l'objet de nos réclamations.

Les brevets des imprimeurs sont, à mon sens, une véritable propriété entre leurs mains, un véritable privilége, un véritable monopole qui leur a été accordé pour des causes d'intérêt social, d'intérêt général, d'intérêt gouvernemental.

Cette propriété date d'une manière certaine de 1811, époque où elle a reçu une base incontestable dans les lois du 8 février 1810 et du 2 février 1811, et c'est cette base que nous demandons à la commission de vouloir bien prendre en considération, en la priant d'en tenir le compte le plus sérieux, et d'indiquer dans le rapport qu'elle devra faire au Corps législatif la nécessité où elle s'est trouvée d'assurer dans le projet de loi la propriété qui est entre les mains des imprimeurs.

Cette industrie, Messieurs, s'est formée à la suite de la révolution de 1789; elle a été libre jusqu'à l'époque que je viens d'indiquer et elle a été réglementée en 1811, dans un intérêt social. Cette réglementation a consisté à réduire à Paris le nombre des imprimeurs de 300 environ, à seulement 80 par les décrets que je viens de citer. Le Gouvernement a trouvé nécessaire d'en éliminer 220 et de faire indemniser les 220 imprimeurs supprimés par ceux qui étaient conservés. Et non-seulement il a imposé le remboursement de cette indemnité aux imprimeurs conservés, mais il les a contraints, en outre, à acheter le matériel des imprimeries supprimées.

Eh bien, je dis qu'il y a là une base extrêmement sûre, extrêmement certaine, un droit de propriété incontestable que vous devez faire respecter dans la nouvelle loi. Il est évident, Messieurs, que ces hommes qui ont depuis cette époque acquis des brevets, qui ont par conséquent reçu la transmission de la propriété ainsi constituée à prix d'argent, ont le droit de vous dire aujourd'hui : « Si vous nous expropriez pour une cause d'intérêt général, nous devons nous incliner, mais vous nous devez une indemnité. » (Assentiment sur quelques bancs.)

M. le ministre d'État disait hier qu'il était indispensable qu'une enquête fût faite pour établir les droits des imprimeurs et le chiffre de l'indemnité qui pourrait leur être due; pour moi, il ne peut y avoir de discussion que sur le chiffre d'indemnité dû, et non sur le droit, et la commission, dans son rapport, l'a reconnu de la manière la plus positive, la plus nette, la plus claire. Par conséquent, je suis parfaitement d'accord avec elle sur le droit des imprimeurs à une indemnité pour la suppression de leur privilége, de leurs brevets; mais la question de chiffre est réservée à l'enquête qui sera faite par le Gouvernement.

M. Eugène Pelletan. Je demande la parole.

M. Pouyer-Quertier. Permettez! On a laissé hier discuter tous les amendements sur cet article. Je vous prie de nous laisser, à notre tour, exprimer notre opinion, afin que la commission puisse en tenir compte dans ses délibérations, car évidemment c'est dans son sein que doit se faire un pareil travail; mais il faut pour cela qu'elle connaisse la pensée des auteurs de l'amendement. Eh bien, notre pensée, c'est qu'il y a un véritable droit de propriété, c'est qu'aujourd'hui le droit ne peut être contesté, et que, d'un autre côté, s'il y a enquête, cette enquête ne peut être faite que pour déterminer la quotité du remboursement dû aux imprimeurs et le système qui doit être adopté pour atteindre loyalement le résultat.

Et, Messieurs, notez que l'amendement qui vous a été soumis et que je défends devant vous n'apporte aucune charge nouvelle au trésor, aux contribuables; car, de même qu'en 1811 la suppression de 220 imprimeurs n'a rien coûté à l'Etat, de même aujourd'hui que vous allez prononcer la liberté de l'imprimerie, qui est inhérente à la liberté de la presse, il est évident qu'en adoptant notre système vous n'imposerez aucun sacrifice à l'Etat, qui n'aura pas même un centime à débourser. Vous demanderez simplement aux nouveaux imprimeurs de payer une part de la propriété de ceux qui sont aujourd'hui possesseurs exclusifs des brevets.

Il n'y a là, je le répète, aucune charge pour l'Etat, aucune charge pour le budget. Il y a simplement une propriété expropriée, mais dont on doit faire le prix à ceux qui sont appelés à partager cette propriété que vous jetez dans le domaine public. Par conséquent, aucune dépense pour l'Etat, aucune aggravation pour le budget; puis, par ce système, la propriété est respectée, il n'en saurait être autrement dans une assemblée législative française. (Approbation sur divers bancs.)

En terminant, j'ajoute une simple observation :

Il est évident que les amendements renvoyés à la commission n'ont jamais pu, ni dans son intention, ni dans celle du Gouvernement, retarder en quoi que ce soit la liberté de l'imprimerie, car la liberté de l'imprimerie est la liberté de la presse. Or, comme le Gouvernement est venu franchement l'affirmer par des déclarations aussi loyales, aussi nettes que possible, par la bouche même de M. le ministre d'État à la tribune, il est évident que, du moment que vous prononcez la liberté de la presse, vous ne pouvez astreindre l'agent matériel et indispensable de cette liberté à des conditions qui rendraient la liberté de la presse illusoire. (Marques d'approbation sur plusieurs bancs.)

Sous le bénéfice de ces considérations, Messieurs, je demande à la commission de vouloir bien tenir compte des observations que je viens de lui présenter au point de vue des brevets d'imprimeur, et de nous apporter un article qui remplacerait l'article 15 et qui sera conçu de telle sorte qu'il ne puisse y avoir aucun atermoiement, aucun retard dans l'exécution de la loi que le Gouvernement nous a soumise. (Très-bien ! très-bien ! sur quelques bancs.)

M. Glais-Bizoin. L'amendement de la commission pourvoit à la demande de M. Pouyer-Quertier.

M. le président Schneider. Je n'ai qu'un mot à dire sur l'amendement de notre honorable collègue M. Pouyer-Quertier. Il demande que toutes les fois qu'un typographe créera une imprimerie nouvelle, il verse au trésor une somme déterminée pour indemniser les imprimeurs expropriés sous le premier Empire.

Il a oublié qu'il n'y a eu d'imprimeurs expropriés à cette époque qu'à Paris seulement.

Quelques voix. Et à Lyon.

M. Eugène Pelletan. Et à Lyon, soit ! Vous obligez ainsi,

dans les autres départements, les nouveaux imprimeurs à rembourser des brevets qui n'ont droit de leur part à aucun remboursement.

Nous aurons plus tard à traiter cette question lorsqu'elle reviendra devant le Corps législatif; mais puisque j'ai la parole en ce moment, je fais remarquer à la Chambre qu'on n'a renvoyé à la commission le principe de la suppression des brevets que parce que cette suppression soulevait une question de propriété pour les imprimeurs, mais pour les imprimeurs seulement. Quant aux libraires, l'objection pour réclamer un ajournement n'a aucune valeur; les libraires ne sauraient en aucun cas revendiquer une indemnité. Pourquoi donc nous refuserions-nous à diviser la question et à voter séparément sur la suppression des brevets de libraires que nous ne pouvons pas, que nous ne devons pas confondre avec les brevets d'imprimeurs?

Je prie donc la Chambre de vouloir bien prendre cette différence en considération, au moment où elle discutera de nouveau la suppression des brevets.

M. NOGENT SAINT-LAURENS, rapporteur. Tout est réservé.

M. LE PRÉSIDENT SCHNEIDER. C'est parfaitement entendu.

M. Pouyer-Quertier n'insistant pas pour la prise en considération de son amendement, il n'y a pas lieu de consulter la Chambre.

S. Exc. M. ROUHER, ministre d'État. Je prie la Chambre de me permettre deux mots d'explication en réponse aux considérations présentées par l'honorable M. Pouyer-Quertier. (Parlez ! parlez !)

L'honorable membre a paru penser que l'enquête à laquelle se livrerait le Gouvernement porterait exclusivement sur le chiffre de l'indemnité qui pourrait être due à certains imprimeurs, et qu'ainsi la question de propriété se trouverait implicitement tranchée.

Je n'ai nullement l'intention de la résoudre, cette question, au préjudice des imprimeurs de Paris, par les courtes observations que je vous soumets en ce moment; mais je demande à la Chambre la permission de déclarer que le Gouvernement ne peut en aucune façon accepter la doctrine de l'honorable M. Pouyer-Quertier, et que, dans notre pensée, l'enquête devrait porter d'abord sur le principe, et subsidiairement, s'il y avait lieu, sur la question de quotité.

M. Eugène Pelletan. Je prierai M. le ministre d'État de vouloir bien compléter son explication, en nous révélant les intentions du Gouvernement sur les brevets de libraires.

M. le ministre d'État. Vous avez renvoyé à la commission divers articles, qui avaient pour but certaines dispositions transitoires intéressant la liberté de la presse. La commission nous fera appeler dans son sein, nous aurons l'honneur d'examiner avec elle les observations qui ont été échangées dans le sein du Corps législatif; c'est notre devoir, nous n'y faillirons pas. (Très-bien! très-bien!)

DISCUSSION

DE LA

LOI SUR LA PRESSE

(ARTICLE 15)

Séance du 10 Mars 1868.

M. LE PRÉSIDENT ALFRED LE ROUX. La Chambre en est arrivée à l'article 15, qui, par suite du rejet de l'article 12, devient l'article 14. Cet article est ainsi conçu :

« Les gérants des journaux seront autorisés à établir une imprimerie exclusivement destinée à l'impression du journal. »

Il y a sur cet article plusieurs amendements.

Je donne d'abord connaissance à la Chambre de l'amendement de MM. Jules Simon, Garnier-Pagès et Pelletan, qui s'éloigne le plus du projet arrêté d'accord entre le Gouvernement et la commission.

Voici cet amendement :

« La profession de libraire est affranchie de l'obligation du brevet. »

M. Jules Simon a la parole.

M. JULES SIMON monte à la tribune.

M. BERRYER, de sa place. Il me semble qu'il faudrait traiter la question de l'imprimerie avant celle de la librairie.

M. Nogent Saint-Laurens, rapporteur. La question de l'imprimerie a été ajournée en vertu d'un vote de la Chambre.

M. Berryer. Je demande la parole contre la proposition de la commission.

M. Jules Simon cède la tribune à M. Berryer.

M. Berryer, à la tribune. D'après la prise en considération par la Chambre de l'amendement qui se référait à l'article 15 du projet primitif, et du renvoi de cet article à la commission qui en a été la conséquence, la commission vous fait deux propositions que je vous demande la permission de combattre.

La première de ces propositions consiste à faire ajourner par la Chambre les dispositions que contenait l'ancien article 15. Il ne me paraît pas difficile de démontrer en peu de mots que cet ajournement serait la suppression de la sanction véritable et sérieuse donnée par le projet lui-même à la disposition contenue dans son article 1er. J'entrerai tout à l'heure dans quelques explications à ce sujet.

La seconde proposition de la commission a pour objet de substituer à la sanction résultant de l'ancien article 15 et qui, ainsi que je viens de le dire, se trouve supprimée, une disposition ainsi conçue :

Les gérants des journaux seront autorisés à établir une imprimerie exclusivement destinée à l'impression du journal. »

Je soutiens que cette proposition de la commission est inadmissible, qu'elle ne peut avoir aucun effet, aucun résultat, et qu'elle entraînerait les dommages les plus graves si elle était conservée.

J'expliquerai tout à l'heure mes motifs ; mais il importe de bien établir, non pas par une longue discussion, mais avec une attention sérieuse, l'état de nos délibérations sur ce projet de loi, et particulièrement sur l'ancien article 15 et sur celui que la commission vous propose d'y substituer.

Le nouvel article 15 nous revient par suite du renvoi qui a

été fait à la commission de l'ancien article et de l'amendement qui s'y référait. Or, aux termes du règlement qui nous ont été rappelés il y a peu de jours, du moment où il y a eu renvoi à la commission et que la commission a fait son rapport, il n'y a plus lieu à un nouveau renvoi devant la commission ; le vote doit être définitif. Il faut que le Corps législatif se prononce entre l'article qui a été renvoyé à la commission et l'amendement que la commission veut substituer à cet article.

La loi, Messieurs, renferme dans l'article 1er une disposition considérable qui a été agréée par presque tous les membres de l'Assemblée, et qui consiste à supprimer la nécessité de l'autorisation préalable pour la création des journaux. En présentant le projet de loi, le Gouvernement a voulu ce que vous avez manifesté vouloir dans tout le cours de la discussion, assurer, en même temps que la suppression de l'autorisation préalable, la possibilité d'user du droit qu'il établissait, celui de fonder de nouveaux journaux, c'est-à-dire qu'il a voulu mettre toutes les dispositions de la loi en parfaite harmonie entre elles. Je vous demande la permission de relire dans l'exposé des motifs ce que le Gouvernement a dit à ce sujet.

« Une disposition annexe termine le projet et en précise le caractère. Cette disposition supprime, pour l'imprimeur et le libraire, la nécessité du brevet et ne leur impose plus que la déclaration préalable. Le commerce de l'imprimerie et de la librairie sera libre ; la clandestinité sera seule interdite et punie. Le Gouvernement ne confère plus le monopole, mais il surveille l'exploitation.

« Le projet ouvre ainsi deux fois la route à l'initiative individuelle ; il a laissé au journal la faculté de se multiplier ; il consacre, dans une sphère plus spécialement industrielle, le principe fondamental de la liberté des professions. »

Et plus loin, pour nous expliquer encore sa pensée, l'exposé des motifs de la loi dit, et je vous prie de faire attention à ces mots et d'apprécier la gravité de ces motifs, dit ceci :

« Le jour, d'ailleurs, où on n'assujettit plus le journal qu'à la déclaration préalable, il eût été difficile de maintenir pour l'imprimeur et le libraire la nécessité du brevet. Le brevet n'est, en effet, qu'une autorisation. Or, pouvait-on faire une situation inégale, presque opposée, à l'entreprise du journal et à l'entreprise de l'imprimerie et de la librairie ? Quand le journal va chercher l'abonné à domicile, quand l'imprimeur ou le libraire attend chez lui le client, il était illogique de dispenser de l'autorisation le premier, et de l'imposer au second.

« Comme le journal, l'imprimerie et la librairie relèveront désormais d'elles-mêmes, sous l'unique contrôle de la loi et des tribunaux. Comme lui, elles n'attendent que la surveillance du pouvoir, auquel elles doivent la déclaration. »

Voilà un système bien clair. Vous comprenez maintenant la disposition de l'article 15. Les auteurs de la loi se sont dit : Nous proclamons le droit de créer un journal sur la simple déclaration qu'on entend le fonder ; il faut qu'il y ait toute liberté pour cette fondation ; en conséquence, en supprimant l'autorisation préalable pour la fondation d'un journal, nous donnons le moyen certain d'arriver à cette fondation sans être arrêté par aucune entrave ; mais en usant de cette liberté, on rencontrera la même liberté chez autrui. Le fondateur d'un journal aura la liberté de déclarer qu'il veut faire un journal ; mais il faut qu'il trouve un homme qui ait la liberté complète, qui ne soit plus exposé à la perte de son brevet et, par conséquent, à la ruine de son établissement, un homme qui dise : Je suis prêt à imprimer le journal.

Il y aura donc dans le système de la loi, qui est expliqué par ses motifs, liberté complète pour fonder un journal et liberté complète pour celui qui est appelé à l'imprimer. Voilà le système de la loi, et c'est alors qu'a été rédigé l'article 15, fondé sur cet excellent motif, que quand on déclare un droit, il faut assurer les moyens d'user de ce droit ; c'est ce qu'il y a de plus logique, de plus légitime et de plus naturel.

A la gauche de l'orateur : Très-bien ! très-bien !

M. BERRYER. Eh bien, que dit maintenant l'article 15 du projet primitif? Il est ainsi conçu :

« Les professions d'imprimeur et de libraire sont affranchies de l'obligation du brevet.

« Tout imprimeur ou libraire ne peut établir ou déplacer le siége de son industrie, non plus que ses magasins et ses dépôts, sans en avoir fait la déclaration préalable, à Paris, à la préfecture de police, et dans les départements, à la préfecture.

« Cette déclaration indiquera les localités où seront établis soit les presses, soit les magasins ou dépôts. »

Ce sont des précautions nécessaires, parce qu'en effet il faut une surveillance; il n'y a rien de contesté, rien de contestable sur cette dernière partie de l'article du projet de loi primitif. Il est évident qu'on a voulu établir une harmonie parfaite entre la liberté de l'imprimerie et la liberté de la création du journal; on a voulu que la liberté de l'une fût la garantie de la liberté de l'autre.

Ce projet primitif était fondé sur ces sages motifs, qui donnent de la réalité à la reconnaissance du droit de fonder un journal, et qui sont, à mon avis, les plus importants qui puissent être présentés, et ils le sont dans les termes les meilleurs du monde; ce sont ceux que je viens de mettre sous vos yeux, ce sont les motifs mêmes de la loi.

Je n'hésite pas à faire valoir ces motifs de la loi, parce que nous allons examiner comment leur autorité et leur justice ont été écartées dans le cours de la délibération.

Le projet de loi a été soumis à l'examen de la commission. La commission a dû faire son premier rapport. Quand la commission a été renseignée, elle a compris, comme moi, cette harmonie qu'il y avait entre l'article 15 et les articles 1 et 2 du projet; elle a compris que la liberté de l'imprimerie devait être le corollaire indispensable de la liberté de création des journaux, et, en conséquence, dans sa délibération, elle a dit ceci à la page 47 de son premier rapport : « En supprimant l'autorisation préalable, nous avons voulu favoriser absolument la fondation et la publication des journaux. Or, il pourrait arriver qu'un journal, par des raisons politiques, ne pût pas trouver un imprimeur. Dans ce cas, et sur la demande du gérant, la concession d'un brevet serait obligatoire. Cet article a pour but de parer à des inconvénients pratiques qui, dans certains cas, pourraient diminuer l'effet de la suppression du principe de l'autorisation préalable. »

Voilà une raison exprimée dans des termes qui ne sont pas aussi clairs que les motifs du projet de loi, mais cependant dans des termes qui arrivent à la même conclusion, et qui me paraissent en harmonie avec la pensée des auteurs de la loi.

Mais les membres de la commission se sont arrêtés devant deux difficultés. Ils se sont dit : avant de supprimer les brevets d'imprimeur, avant de donner la liberté entière à l'imprimerie à côté de la liberté de la fondation des journaux, il faut y faire attention ; les brevets sont une propriété, et par conséquent il y a lieu à indemnité ; il faut donc se garder de trancher une question aussi grave que celle-là.

Indépendamment de la question d'indemnité que la commission a voulu lier à la question de la suppression des brevets, il y avait encore une question bien grave, la question de la complicité nécessaire, de la solidarité nécessaire, absolue, entière, de la complicité des imprimeurs, qui pouvaient être déclarés responsables et atteints dans leur existence. En effet, l'imprimeur, s'il est condamné, peut perdre son brevet, administrativement ; non pas par le pouvoir facultatif d'un juge, mais par une décision purement administrative ; sur la première condamnation prononcée contre un imprimeur, le ministre de l'intérieur, dans sa sagesse et dans son appréciation politique, peut lui retirer son brevet, et par conséquent entraîner la ruine complète de son établissement.

Voilà ce qui ne présente pas de doute.

Eh bien, Messieurs, c'est cette question qui a arrêté

MM. les commissaires, et voici en quels termes ils se sont expliqués :

« Votre commission a demandé la suppression de l'article 15, et son remplacement par un article 15 nouveau ; il lui a semblé que la matière était trop grave pour être traitée sommairement par un article annexé à un projet de loi sur la presse ; il lui a semblé qu'une modification aussi considérable, qui touche à une propriété qui paraît établie et respectée depuis soixante ans, celle des brevets, qui touche à une question d'indemnité, qui touche à des questions de responsabilité nécessaire de la part des imprimeurs, des questions de police et de surveillance dans l'intérêt social, que ces modifications doivent être l'objet d'un projet spécial. En conséquence, elle a demandé l'ajournement de la question et la suppression de l'article.

« Le conseil d'État a repoussé la suppression de l'article 15. » (Bruit.)

Messieurs, je réclame votre attention, d'abord parce qu'il faut que vous rendiez un vote définitif, et puis parce que je me présente à la tribune, ce me semble, avec une autorité qui ne vient pas de moi, mais avec une autorité qui doit être grave à vos yeux, c'est la proposition du Gouvernement, c'est l'exposé des motifs du Gouvernement, et c'est l'avis du conseil d'État, qui a été complétement contraire à l'avis d'ajournement que présente la commission. Avec de pareilles autorités, et au dernier moment de votre délibération, alors, je le répète, qu'il doit y avoir un vote définitif, vous me permettrez de m'engager dans l'examen des résultats des propositions qu'on nous a faites.

La commission a demandé l'ajournement ; elle a fait son rapport ; je vous ai dit les motifs qui l'ont déterminée ; elle doit maintenant avoir sa conscience dégagée, car vous avez voté sur la question de la responsabilité des imprimeurs. Le vote a passé ; il n'y a plus aucune difficulté. Il ne s'agit pas de faire une loi nouvelle sur le régime de l'imprimerie ; quant aux moyens de la surveillance qui sont nécessaires dans l'intérêt de l'ordre public, de l'ordre social ; quant à la question de police, vous voyez, Messieurs, si vous voulez lire en entier l'article qui vous est proposé, qu'avec la précaution de la déclaration préalable, il y a tous les moyens de surveillance à l'égard des personnes qui, sous le régime de la liberté du commerce de l'imprimerie, ouvriront des établissements d'imprimerie ; et sous ce rapport, la commission, ce me semble, doit encore être soulagée de ses scrupules.

Enfin, quant à la question d'indemnité, dans le cours de la discussion, on a dit, et avec raison, je le crois aussi : Mais les brevets des imprimeries fondées depuis 1810, si je ne me trompe, et qui ont été l'objet de cessions et de transmissions successives dans Paris, ces brevets-là ont une valeur réelle, une valeur commerciale ; il n'y a pas d'imprimerie qui, dans l'établissement de son doit et de son avoir, ne porte à son actif, comme une valeur réelle, la valeur de son brevet. (C'est vrai !)

Cette question-là, Messieurs, a éveillé l'attention. M. le ministre d'État a dit : La question paraît avoir des bases en ce qui concerne les imprimeurs de Paris ; à l'égard des imprimeurs dans les départements, ce sera plus difficile à rencontrer, et, en conséquence, on pourrait faire une enquête. Mon Dieu ! il n'y a pas d'idée plus sage que celle de faire une enquête pour arriver à l'estimation de l'indemnité qu'on peut devoir aux imprimeurs brevetés, soit à Paris, soit dans les départements. Mais cette question d'enquête, pour appliquer l'indemnité, peut être parfaitement réservée.

Voyons s'il faut nécessairement, comme l'a pensé la commission, parce qu'il y aura une question d'indemnité à régler plus tard et par voie spéciale pour l'imprimerie, tant à Paris que dans les départements, s'il faut, dès à présent, renoncer à la suppression des brevets. (Très-bien ! à la gauche de l'orateur.)

Voilà la question que nous avons à examiner ; je maintiens

que l'article 15 de la loi peut être complétement adopté par vous, et que vous réserverez, ce qui sera bien entendu, l'engagement pris par M. le ministre d'État; cet engagement sera suivi d'effet, et en conséquence on ouvrira une enquête pour connaître la valeur réelle des brevets, tant à Paris que dans les départements.

Voilà ce qui se fera, et ce qui doit être réservé; mais voilà ce qui n'est en aucune manière un empêchement à ce que nous statuions aujourd'hui sur la question de la suppression des brevets d'imprimeur. (Approbation à la gauche de l'orateur.)

Avec ces idées-là, et comme je vous l'ai montré dans le paragraphe que j'ai lu, avec l'adhésion de la commission à la pensée équitable et honnête du Gouvernement de donner une garantie à l'exercice du droit qui est consacré par l'article 1er de la loi, et cette garantie elle est donnée par la suppression du brevet d'imprimeur, il n'est pas besoin d'entrer dans les motifs; je l'ai déjà dit et on l'a répété sans cesse : les imprimeurs brevetés pouvant croire qu'ils perdront leur brevet, leur établissement, leur fortune, accorderont difficilement leurs presses à ceux qui se présenteront pour fonder un journal, cela est évident; mais enfin les motifs de la loi avaient été, ce semble, adoptés par la commission.

Que répond-elle? Elle est venue devant vous; elle a fait le rapport que je viens de vous lire; puis on l'a discuté; on a délibéré sur les propositions de la commission formulées par l'article qui porte que celui qui veut fonder un journal sera autorisé à créer une imprimerie. Cet article on l'a débattu devant vous; vous l'avez pris en considération, et, par cela même, M. le président du Corps législatif a renvoyé à la fois devant la commission l'article et l'amendement qui est proposé par elle.

Après ce renvoi, la commission a fait son troisième rapport, et dans ce troisième rapport voici ce qu'elle dit :

« La commission a demandé au Gouvernement l'ajournement de l'article 15 et de la question relative aux brevets d'imprimeur et de libraire. Le Gouvernement avait consenti à l'ajournement et à l'enquête également proposée. En conséquence, l'article a disparu du projet. » — Il disparaîtra si vous adoptez la proposition de la commission. — « Nous l'avons remplacé par un article 15 nouveau qui a pour but de mettre autant que possible « les journaux dans des conditions « où ils pourront toujours se faire imprimer; » il est ainsi conçu :

« Les gérants de journaux seront autorisés à établir une imprimerie destinée à l'exploitation de leur journal. »

Il y a donc deux propositions devant vous.

Quant à la proposition de l'ajournement, la commission nous dit que le Gouvernement y a consenti. Je m'en étonne, car le Gouvernement avait donné et devait, à mon avis, garder les mêmes raisons très-graves qui lui avaient fait rédiger l'article 15 et qui l'avaient déterminé à demander la suppression des brevets d'imprimeur. Si l'ajournement est ordonné, si l'article qu'on vous propose demeure sans effet, ainsi que je vais, je crois, le démontrer tout à l'heure, dans quelle situation serions-nous, Messieurs? Évidemment, dans la situation dont le Gouvernement n'a pas voulu. Il y aura une liberté reconnue, un droit de créer des journaux, et il n'y aura aucune garantie de la possibilité de les publier.

Voilà la situation dont le Gouvernement n'a pas voulu et qu'il a voulu trancher par l'article 15, par la liberté de l'imprimerie, par la suppression des brevets. Cela me paraît la chose la plus claire du monde.

Maintenant, que vous propose la commission? La commission vous propose de dire, — et elle met cela à la place de la liberté de l'imprimerie : — Les gérants de journaux seront autorisés à établir une imprimerie exclusivement destinée à l'exploitation de leur journal.

Y a-t-on pensé ! (Bruit.)

Mais voyez, Messieurs, comment... (On n'entend pas!)

M. BERRYER. C'est ma faute, je suis enroué, mais je crois que c'est aussi un peu la faute de la Chambre.

M. LE PRÉSIDENT ALFRED LE ROUX. Je prie la Chambre d'écouter dans le plus profond silence, car la discussion est assez sérieuse pour qu'elle y donne toute son attention.

M. BERRYER. Un homme qui veut fonder un journal, s'il va se trouver en face d'imprimeurs possesseurs de brevets dont ils peuvent être dépouillés par décision administrative, par décision du ministre de l'intérieur, ce journaliste va être obligé de créer une imprimerie, une imprimerie spéciale.

Mais, Messieurs, s'est-on rendu compte de ce que coûterait, soit à Paris, soit dans les départements, l'établissement d'une telle imprimerie? Savez-vous combien cette entreprise est considérable?

Nous avons au milieu de nous un très-honorable collègue qui possède assurément un des établissements d'imprimerie les plus magnifiques et les mieux administrés de Paris. Je lui ai demandé : A quel chiffre croyez-vous que puissent s'élever les frais d'établissement de l'imprimerie nécessaire à la publication d'un journal, d'un journal politique?

Un journal politique, Messieurs, songez-y, est assujetti à reproduire intégralement les comptes rendus des séances du Sénat et du Corps législatif. Ces comptes rendus leur sont remis fort tard, entre minuit et une heure du matin.

Si le journal a quelque succès, s'il tire à 5,000, à 10,000, à 20,000 exemplaires, — il y en a, à Paris, qui tirent à 40,000 exemplaires, — alors, vous comprenez, Messieurs, l'immense difficulté, sans avoir un matériel très-important, d'imprimer ces pages énormes du *Moniteur*, ces comptes rendus officiels dans l'espace des quatre ou cinq heures qui s'écoulent entre le moment où ces comptes rendus sont apportés à l'imprimerie et le moment où il faut faire paraître le journal, le mettre en circulation dans Paris ou l'expédier dans les départements.

A la question dont je parlais tout à l'heure, notre honorable collègue m'a répondu : Mon imprimerie est l'une des plus considérables de Paris ; elle est parfaitement montée ; malgré cela, je n'ai consenti à imprimer chez moi qu'un seul journal ; c'est, je crois, *l'Avenir national;* eh bien, il m'en a coûté 60,000 francs, avec mon magnifique établissement d'imprimerie, pour organiser le matériel et le personnel nécessaires à l'impression quotidienne de ce journal unique. (Mouvements en sens divers.)

Voilà, Messieurs, la charge énorme que vous faites peser sur l'homme qui voudra fonder un journal. Ce sont des frais considérables. S'il n'a qu'une publicité restreinte, il lui faudra moins de presses, mais il lui en faut toujours, et cela coûte cher ; il lui faut, en outre, des ouvriers de toute nature, des protes, des compositeurs, des plieurs, etc., etc.

Indépendamment de tous les frais, quelles pertes si, par hasard, le journal, qui n'aura pu exister qu'à la condition de fonder une imprimerie, si ce journal est supprimé ! quelle aggravation de peine !

Perdre le droit de publier son journal, c'est beaucoup pour celui qui en a fait l'entreprise; même si son cautionnement n'est pas absorbé par les amendes prononcées contre lui, c'est beaucoup ; mais ce n'est pas tout, la commission veut qu'il perde encore toutes les dépenses qu'il aura faites pour l'établissement d'une imprimerie spéciale.

Ainsi, Messieurs, au lieu de la liberté que le Gouvernement avait voulu consacrer par la suppression des brevets d'imprimeur et de libraire, vous imposez une charge énorme à celui qui voudra user des droits établis dans l'article 1er et dans l'article 2, et fonder un journal; et par votre article 15, vous rendez illusoire et vaine la reconnaissance du droit de créer librement un journal.

Mais ces frais extraordinaires d'établissement, et le risque de les perdre, ce n'est rien à côté de ce qui se passe constamment pendant l'existence du journal.

S'il paraît tous les jours, son personnel, son matériel, tout sera employé continuellement; mais s'il ne paraît que trois fois par semaine, il y aura quatre jours sur sept pendant lesquels son matériel ne fonctionnera pas, et tous les ouvriers, les compositeurs, les protes, les plieurs, les plieuses, n'auront rien à faire parce que l'imprimerie devra êt. spéciale au journal. (Très-bien ! à gauche de l'orateur.)

Si le journal n'est qu'hebdomadaire, il aura fallu également fonder une imprimerie exclusivement consacrée à son impression; et s'il ne paraît que tous les huit jours, pendant une semaine entière il y aura là un personnel indispensable, spécial, ayant les connaissances requises pour être compositeur ou prote dans une imprimerie, pendant une semaine entière, et tous ces ouvriers devront chômer, ou bien ils se retireront et feront défaut le jour où le journal devra paraître.

S'il s'agit d'une revue paraissant tous les quinze jours, songez à ce que sera, pour elle, l'obligation d'avoir pour elle seule une imprimerie spéciale et un personnel, comme je viens de le dire.

Messieurs, c'est là une situation qui me paraît complétement intolérable, et c'est pourquoi je regarde la proposition faite par la commission comme une proposition qui, au lieu de remplacer les garanties de liberté que le projet présentait par la suppression des brevets, fait peser des charges énormes sur ceux qui voudront fonder un journal et les expose à des pertes excédant de beaucoup toutes celles qui pourraient résulter même de la suppression du journal.

S'il en est ainsi, qu'avons-nous à faire? Évidemment nous n'avons qu'à repousser l'amendement de la commission, attendu qu'il est impraticable, illusoire, que c'est une vaine promesse de liberté, et une véritable accumulation de charges, une aggravation pour celui qui voudra fonder un journal et qui sera forcé d'avoir une imprimerie spéciale, exclusivement pour lui. Si le mot « exclusivement » n'y était pas, votre amendement rentrerait dans la pensée du Gouvernement et dans la pensée de la liberté de l'imprimerie. Si on ne trouve pas d'imprimeur, on aurait la liberté de fonder une imprimerie, puisque le Gouvernement voulait établir la liberté de ce commerce. Mais à cause de ce mot « exclusivement, » qui se trouve dans votre article 15, il est évident que les dispositions des articles 1 et 2 sont complétement vaines, complétement illusoires, si vous adoptez un article qui dans ses effets et dans ses conséquences doit être ce que je viens de vous dire.

Vous voulez protéger les dispositions que vous avez votées. Elles sont très-considérables; il y en a de très-avantageuses pour le public. La suppression d'un centime sur le timbre, c'est quelque chose de très important pour tous les journaux dans des proportions différentes, puisque les uns tirent à 5,000, d'autres à 20,000, d'autres à 40,000 exemplaires. La suppression d'un centime pour celui qui tire à 40,000 exemplaires, c'est un bénéfice de 400 francs par jour. C'est donc là un cadeau considérable que vous faites aux journaux.

Vous ne voulez pas, je pense, supprimer, mais vous voulez maintenir les dispositions que vous avez prises sur le timbre. Vous avez voté un article 11 dont je ne dis rien, je respecte les sécurités données à des consciences inquiètes sur le respect de la vie privée; vous voulez donc aussi maintenir les dispositions de l'article 11; en dernier lieu, vous avez voté l'exécution provisoire de la suppression et de la suspension; vous voulez également que cette disposition soit maintenue. Eh bien, pour cela, il faut que la loi soit votée, et pour que la loi soit votée, il faut que les dispositions des articles 1 et 2 ne soient pas illusoires. La proposition de la commission rend impossible, inapplicable dans la pratique ce qui est accordé dans la théorie. Telle est la situation où nous place le projet de la commission.

Je me résume et voici mon dernier mot : Vous êtes au moment d'émettre un vote définitif; vous avez deux questions devant vous: l'ancien article 15 et l'amendement de la commission. Rejetez l'amendement de la commission, adoptez l'article 15, bien entendu en faisant toutes réserves pour que soit ouverte l'enquête sur l'indemnité due aux imprimeurs dépossédés de leurs brevets ; c'est là, Messieurs, la seule mesure raisonnable, c'est ce que je vous demande et j'ajoute que c'était l'intention, le projet du Gouvernement. (Très-bien ! très-bien ! à la gauche de l'orateur.)

M. LE PRÉSIDENT ALFRED LE ROUX. La parole est à M. Nogent Saint-Laurens, rapporteur de la commission.

M. NOGENT SAINT-LAURENS, rapporteur. Messieurs, il est toujours possible de reprendre une question, et c'est ce qui se passe en ce moment, je le démontrerai tout à l'heure. La discussion de l'honorable M. Berryer n'est que la reprise de l'article 15, qui me paraissait jugé dans la séance du 14 février dernier. La commission n'était pas d'accord avec le Gouvernement sur l'article 15. Le Gouvernement dans son projet avait demandé la suppression absolue des brevets d'imprimeur et de libraire ; la commission, sous l'influence de considérations que je ferai connaître tout à l'heure à la Chambre, avait demandé la suppression de l'article 15 et son remplacement par une disposition transitoire que l'honorable M. Berryer vient de discuter. Cette disposition transitoire allait au-devant d'une hypothèse qui se présentera bien rarement, car depuis le commencement du siècle, bien avant, que dis-je, depuis le règlement du conseil du 28 février 1723, il est apparu à tous les gouvernements, même au gouvernement de 1848, que le brevet d'imprimeur et de libraire devait être maintenu, et les journaux ont toujours trouvé des imprimeurs. En 1848 une proposition a été présentée par M. Michel de Bourges à la Législative pour supprimer les brevets d'imprimeur et de libraire ; un rapport a été fait par l'honorable M. Martel, notre collègue. La proposition n'a pas abouti. Et pourtant les journaux ont vécu. Cette impossibilité matérielle pour un journal de se faire imprimer, qui est la thèse favorite de l'honorable M. Berryer, et la base de toute son argumentation, nous ne la trouvons nulle part ou bien rarement dans l'histoire. Enfin,

Messieurs, tel était l'état des choses... (Interruptions diverses.)

M. LÉOPOLD JAVAL. On n'avait pas alors proclamé la liberté commerciale.

M. LE RAPPORTEUR. Il ne s'agit pas de la liberté commerciale, il s'agit de la question des brevets, d'une question de propriété d'intérêt social, et la commission ne fait pas bon marché d'une question de cette importance et de cette valeur. (Très-bien ! très-bien !)

Je disais donc que, depuis 1723, la législation a toujours reconnu la nécessité des brevets d'imprimeur et de libraire ; je disais que le Gouvernement en avait proposé, dans l'ancien article 15, l'abolition radicale et absolue, et que la commission n'avait pas été d'accord avec le Gouvernement, qu'elle vous avait proposé la suppression de l'article ancien et son remplacement par l'article 15 nouveau qui est un amendement de la commission ; qu'enfin cet amendement avait été pris en considération par la Chambre.

Nous verrons ce que signifie cette prise en considération de l'amendement de la commission.

Maintenant, Messieurs, on vous dit, exagérant tout, car véritablement on est bien malheureux quand on veut faire un progrès sérieux, on rencontre sans cesse des exagérations inouïes, passionnées, injustes...

On vous disait tout à l'heure :

Il a été dans la pensée de la commission de rendre la loi illusoire, d'opposer une pratique impossible à la théorie décevante qui est dans son rapport, qui est dans l'esprit de la loi. C'est l'honorable M. Berryer qui vient nous dire ces choses.

Eh bien ! ces choses sont inexactes. Il se trompe complétement. Qu'a fait la commission ? J'allais le dire tout à l'heure quand j'ai été interrompu par l'honorable M. Javal ; voici ce qu'a fait la commission en présence de cet article 15, par lequel le Gouvernement supprimait complétement les brevets ;

je ne lui en fais aucun reproche, je constate seulement qu'il a fait ce qu'on n'a pas osé faire en 1848.

Voici donc ce que nous avons fait en présence de cet article qui abolissait les brevets d'imprimeur et de libraire. La commission s'est dit : Qu'est-ce que c'est que le brevet d'imprimeur? C'est une garantie de capacité, de moralité, de solvabilité ; c'est une espèce de diplôme. On l'a toujours demandée pour les imprimeurs.

M. JULES FAVRE. Demandez-la aussi aux fabricants et aux marchands de papier ; ce sera tout aussi raisonnable. Le papier aussi est dangereux.

M. LE RAPPORTEUR. Non, quand il n'est pas imprimé et métamorphosé en publication dangereuse. Je réponds à l'honorable M. Jules Favre. Pourquoi, du reste, n'avez-vous pas proposé en 1848 cette mesure si essentiellement libérale, et qui semble aujourd'hui indispensable? (Très-bien ! très-bien !) Pourquoi avez-vous attendu si tard pour vous éprendre de ce dédain pour les brevets d'imprimeur?... Je vous le répète, à ce moment l'occasion de supprimer était superbe, et vous ne l'avez pas fait, et vous vous êtes bien gardé de le faire ! (Nouvelles marques d'approbation sur les mêmes bancs. — Réclamations à la gauche de l'orateur.)

M. LÉOPOLD JAVAL. On n'avait pas alors proclamé la liberté commerciale.

M. LE RAPPORTEUR. Laissons cette question, je le veux bien. Sans doute la question de garantie sociale nous a touchés beaucoup; mais il y en a une qui nous a touchés aussi.

On peut avoir des idées économiques plus ou moins avancées, soit ; la commission paraîtra timide à certains esprits, mais elle est très-sensible aux questions de propriété.

Pendant sa délibération, la commission a été assaillie de demandes et de réclamations très-graves et très-sérieuses : elle se trouvait en présence du décret du 5 février 1810, qui a réduit à Paris le nombre des imprimeurs à soixante, tandis qu'il était auparavant illimité, et qui a imposé aux imprimeurs conservés l'obligation de payer une indemnité préalable aux imprimeurs supprimés, c'est-à-dire à ceux qui ne faisaient pas partie des soixante.

Nous avons pensé que les brevets engageaient une question de propriété ou d'indemnité.

Eh bien, la commission s'est dit : rayer d'un trait de plume cette question de propriété, cette garantie sociale qui est respectée depuis 1723, cela nous paraît trop hardi, et alors nous avons demandé ici, en séance publique, l'ajournement et l'enquête. Que s'est-il passé?

L'honorable M. Berryer veut ressusciter la question. Je sais parfaitement quel est son but. Nous nous étions brouillés une première fois avec le Gouvernement ; nous nous sommes mis d'accord à la séance du 14 février dernier; allons-nous nous brouiller encore sous l'influence des paroles de l'honorable M. Berryer ?

M. LE MINISTRE D'ÉTAT. Oh ! non !

M. LE RAPPORTEUR. Je l'ignore, mais voici ce qui s'est passé : A la séance du 14 février dernier, j'ai pris la parole pour dire au Gouvernement : Nous avons fait, sous l'inspiration de cette idée de la garantie sociale qui est annexée aux brevets des imprimeurs et qui dure depuis si longtemps, sous l'inspiration de cette autre idée qu'il y avait une question d'indemnité à examiner, nous avons fait l'amendement que vous connaissez.

Cet amendement emporte la suppression de l'article 15 qui avait été proposé par le Gouvernement; nous prions le Gouvernement d'étudier la question, de ne pas faire de cette question principale qui touche à des intérêts sacrés, d'ordre général et privé, un accessoire de la loi, mais d'en faire l'objet d'une loi spéciale après avoir procédé à une enquête.

Alors, l'honorable ministre d'État est monté à la tribune, — j'ai là ses paroles, — pour dire qu'il était d'accord avec nous, qu'il ne préjugeait rien sur la question d'indemnité, qu'il ne croyait pas au danger de suppression des brevets d'imprimeur et de libraire, mais que, en présence de l'émotion manifestée dans un public respectable, la commission le demandant, il consentait à un nouvel examen et à une enquête.

Et qu'a fait alors la Chambre? La Chambre a eu à voter la suppression de l'article 15, elle ne l'a pas votée d'une manière explicite, mais d'une manière implicite. (Rires et exclamations à la gauche de l'orateur.)

Messieurs, il est très-facile de sourire, mais ce qui n'est pas aussi facile, c'est d'effacer ce qui se trouve dans le *Moniteur*. Il y a trois colonnes du *Moniteur* où l'on voit différents membres prendre la parole, même l'honorable M. Berryer, à la séance du 14 février, pour déterminer la portée du vote que la Chambre allait émettre. Vous étiez en présence de la suppression de l'article 15 et en présence de l'amendement de la commission qui le supprimait implicitement !

Eh bien, on a mis aux voix, après un débat qui prendrait une heure si je devais vous le lire, on a mis aux voix quoi? l'amendement de la commission qui était la suppression de l'article 15, et la substitution à l'article 15 de l'article nouveau qui est transitoire et qu'a critiqué si amèrement l'honorable M. Berryer.

Qu'a fait la Chambre, en un mot? Elle a pris en considération l'amendement de la commission.

Or, qu'est-ce que cela veut dire? Cela veut dire que notre amendement, qui supprimait l'article 15, était bon, puisque la Chambre l'avait pris en considération ; cela veut dire que la Chambre n'était pas décidée, n'était pas résolue sur la question de la suppression des brevets d'imprimeur et de libraire ; cela veut dire, en définitive, que la Chambre sanctionnait la déclaration faite par le rapporteur de la commission. Il est impossible de comprendre la prise en considération de l'amendement d'une autre manière....

M. BERRYER. Lisez *le Moniteur !*

M. JULES FAVRE. La question n'a pas été discutée.

M. NOGENT SAINT-LAURENS, rapporteur. On a discuté très-longtemps sur la suppression de l'article 15, et le Gouvernement était d'accord avec la commission pour l'ajournement. On a passé aux amendements sur l'article 15.

L'honorable M. Pamard, qui avait demandé la suppression pure et simple, a présenté son amendement, qui n'a pas été voté, et il a déclaré se rallier à celui de la commission, qui parlait de cette imprimerie exclusive que les gérants de journaux pourront obtenir quant ils le voudront ; et alors voici ce qui s'est passé.

Je lis ceci dans *le Moniteur* du 14 février :

« *M. le président Schneider.* Il a déclaré (M. Pamard) que si cet amendement n'était pas pris en considération, il s'en référait à l'amendement de la commission.

« *M. Havin.* Il le retire alors ? (Non ! non !)

« *M. Berryer.* Mais c'est la suppression de l'article !

« *M. le président Schneider.* Je consulte la Chambre.

« (Le Corps législatif, consulté, décide que l'amendement de M. Pamard n'est pas pris en considération.) »

Je me suis tué à vous dire qu'il y avait une suppression implicite. L'amendement de M. Pamard était un amendement explicite et non implicite : il demandait la suppression de l'article 15.

Je continue ma lecture :

« *M. le président Schneider.* Maintenant je propose à la Chambre de ne pas passer successivement aux autres amendements, afin d'éviter une nouvelle perte de temps, et d'en revenir à la proposition que j'avais eu l'honneur de faire, consistant au renvoi de l'article à la commission ; mais... (Interruption.)

« *M. Emile Ollivier.* Non ! non !

« *M. le président Schneider.* Mais préalablement de voter sur la prise en considération de l'amendement de la commission. (C'est cela ! — Très-bien !)

« *M. Emile Ollivier.* A la bonne heure !

« *M. le président Schneider.* Si vous vouliez bien me laisser parler, vous me comprendriez; car je suis sûr d'être en présence d'une idée très-claire.

« Je mets donc, aux voix l'amendement de la commission

« (Le Corps législatif, consulté, décide que l'amendement de la commission est pris en considération.)

« *M. le président Schneider.* La prise en considération de l'amendement entraîne, par voie de conséquence, le renvoi de l'article à la commission. »

M. JULES FAVRE. L'article réservé !

M. LE RAPPORTEUR. Je ne vous parle pas de cela.

M. BERRYER. Lisez les dernières paroles du président !

M. LE RAPPORTEUR. Permettez, Monsieur Berryer; je suis à vous. (On rit.)

« La prise en considération entraînait le renvoi à la commission... et la prise en considération entraînait la suppression de l'article 15 ancien, que cet amendement était destiné à remplacer. » (Mouvements divers.)

Que voulez-vous? C'est ma volonté et mon goût: je recherche dans la prise en considération d'un amendement le sens de cette prise en considération. Eh bien, la prise en considération de notre amendement, c'était la suppression de l'article 15 et la substitution de ce nouvel article à l'autre. Si le français est le français, si le sens commun est le sens commun, vous ne pouvez pas trouver autre chose dans cette prise en considération; il n'y a là que ce que je vous dis, rien de plus, rien de moins.

Maintenant, la Chambre veut-elle garder ou supprimer les brevets? Veut-elle revenir sur l'article 15 et supprimer dès à présent les brevets? Elle fera ce qu'elle jugera convenable sur l'amendement. Quant à moi, je dis que, la question de la suppression des brevets ayant été ajournée, la prise en considération de notre amendement impliquait nécessairement la suppression de l'article 15.

Maintenant, la question a été ainsi posée par l'honorable M. Berryer : Voulez-vous garder l'article 15, ou voulez-vous l'ajourner ? Gardez-le ou ajournez-le si bon vous semble.

Quant à moi, je suis dans le strict bon sens. (Interruptions à la gauche de l'orateur.) Vous n'avez pas l'air d'y croire; mais je le répète, je suis dans le strict bon sens (Oui ! oui !), et personne ne m'aurait contredit le 14 février. Mais il y a eu le bénéfice du temps, il y a l'entrée en campagne de l'honorable M. Berryer contre ce qui s'est passé le 14 février, et il est certain qu'on veut ressusciter l'article 15. Il n'en est pas moins vrai qu'à cette date l'article 15 était supprimé dans l'esprit de la Chambre par la prise en considération de notre amendement.

M. GLAIS-BIZOIN *et plusieurs membres près de lui.* Non ! non !

Sur divers bancs : Si ! si !

M. LE RAPPORTEUR. Je ne dirai plus que quelques mots.

Je me plains sérieusement des intentions que l'honorable M. Berryer prête à la commission. Nous avons, comme lui, l'esprit profondément libéral; nous faisons tout ce que nous pouvons dans le sens d'un progrès sérieux et que nous croyons possible. Pouvons - nous supporter des expressions, des phrases où l'on nous reproche de faire une loi illusoire, une loi qui met en opposition la pratique avec la théorie ? Est-ce que depuis 1723 les journaux n'ont pas été imprimés sous le régime des brevets d'imprimeur et de libraire ?

M. GLAIS-BIZOIN *et quelques autres membres.* Pas dans les provinces.

M. LE RAPPORTEUR. J'admire votre tolérance ! Vous attaquez la commission, et vous ne voulez pas qu'elle se défende ! Ce n'est pas là de la justice. On nous a dit toutes sortes de choses extrêmement sévères, qui ne sont justifiées en aucune façon. Voulez-vous que la commission réponde ? (Oui ! oui ! — Parlez! parlez !)

Je répète que sous le régime des brevets, auquel le Gouvernement de 1848 n'a pas touché, les journaux se sont imprimés; mais vous faites tout de suite cette hypothèse noire et pessimiste de journaux ne trouvant pas d'imprimeurs, ni d'argent pour se faire imprimer. Eh bien, nous avons fait une disposition transitoire pour la province, — car à Paris, est-ce que les imprimeurs manqueront jamais? est-ce qu'ils ont jamais manqué? — Et en attendant que le Gouvernement ait décidé sur la liberté absolue de l'imprimerie et de la librairie, nous nous sommes dit : En province, l'homme qui aura un capital suffisant pour fonder un journal, pourra établir une imprimerie exclusivement destinée à l'exploitation de son journal; nous avons dû dire : exclusivement destinée au journal; car sans cela, sous prétexte de journal, on aurait créé des imprimeries en grand nombre et pour toute autre destination. Nous avons donc accordé cette autorisation de créer une imprimerie pour l'exploitation du journal seulement.

Ma conviction bien entière est que jamais on ne sera dans une nécessité de ce genre; si cependant il se trouve un homme qui ait le capital nécessaire pour fonder un journal, il est certain qu'il aura aussi la somme nécessaire pour créer une imprimerie spéciale et réduite à l'exploitation du journal. Il ne s'agit pas d'une de ces imprimeries comme nous en voyons à Paris, qui sont des merveilles, qui impriment jusqu'à sept et huit grands journaux; il s'agit d'une imprimerie suffisante pour exploiter un journal, et il faut écarter l'hypothèse fantastique du journal qui ne trouve pas d'imprimeur.

Voilà la question tout entière.

Voulez-vous juger la question des brevets que, le 14 février dernier, vous avez ajournée? On nous demande maintenant de revenir à l'article 15 ancien et de trancher la question de l'indemnité à accorder, de la trancher à l'instant; c'est l'intention de M. Berryer; mais la Chambre, j'espère, prendra un parti tout contraire. (Très-bien ! très-bien !)

M. Berryer. Je demande à répondre.

M. LE PRÉSIDENT ALFRED LE ROUX. La parole est à M. Berryer.

M. BERRYER. Je me suis en effet servi du mot illusoire en parlant de la proposition de la commission. Elle est illusoire parce que, dans la pratique, elle ne peut pas se réaliser, et j'en ai donné à l'Assemblée des raisons que je crois parfaitement bonnes. Mais quand j'ai montré que, dans un cas de nécessité urgente, la disposition serait illusoire, j'ai commencé par rendre hommage aux sentiments de la commission, qui avait compris les motifs de justice et de sagesse qui avaient dicté le projet de loi. En effet, la commission avait dit : Il peut arriver qu'un journal, par des raisons politiques, ne puisse pas trouver d'imprimeur ; dans ce cas, sur la demande du gérant, la concession du brevet sera obligatoire.

Vous parlez maintenant de fonder des imprimeries exclusivement destinées à un journal ; vous n'accordez rien à la liberté de l'imprimerie. Vous abandonnez votre premier système ; vous en êtes bien loin dans la proposition que vous faites aujourd'hui à l'Assemblée.

Je maintiens que la Chambre n'a pas voté l'ajournement ; il n'y a pas eu de vote implicite, car M. le président a dit : La prise en considération de l'amendement entraine le renvoi de l'article à la commission, et c'est sur ce renvoi que la Commission vous a dit : Il y a à consacrer l'ajournement et à adopter notre proposition. (Mouvements en sens divers.)

M. JULES FAVRE. Je demande la parole.

M. LE PRÉSIDENT ALFRED LE ROUX. Vous avez la parole.

M. JULES FAVRE. Il ne peut y avoir entre votre honorable rapporteur et nous qu'une seule difficulté quant à la forme, c'est celle de l'interprétation que nous devons donner au vote qui a été émis par la Chambre le 14 février dernier ; mais très-certainement votre honorable rapporteur est trop loyal pour se servir d'un semblable vote comme d'une sorte de fin de non-recevoir qui limiterait les pouvoirs de la Chambre.

Il est parfaitement certain que si la Chambre avait été appelée à se prononcer sur un article de loi, s'il avait été clair pour tout le monde que cet article devait être ou adopté ou rejeté par telle ou telle raison, si, en un mot, le vote avait été précédé d'une discussion, il est parfaitement certain qu'une nouvelle discussion sur le même sujet ne pourrait s'ouvrir. Mais, j'en prends à témoins tous mes honorables collègues, et notre honorable rapporteur tout le premier, il est constant que le 14 février dernier, il n'y a eu sur le point très-grave, et je pourrais dire capital, qui nous occupe, aucune espèce de discussion.

En effet, le 14 février, l'honorable rapporteur a fait purement et simplement une déclaration; cette déclaration a été accueillie par M. le ministre d'État; après cela a eu lieu une délibération qui, — la Chambre certainement en a gardé le souvenir, — a été l'une des plus confuses dans lesquelles elle se soit jamais engagée.

Et d'où venait la confusion de cette délibération? Précisément de l'incertitude où se trouvait la Chambre de la question qu'elle avait à résoudre. Quelques-uns pensaient que l'article 15 était en discussion et voulaient, par conséquent, que la discussion s'engageât sur cet article; quelques autres croyaient qu'il fallait préalablement se prononcer sur la modification que la commission avait proposée. C'est ce dernier parti qui a prévalu, et on peut dire que l'amendement de la commission a été examiné, — permettez-moi ce mot technique, — toutes choses tenant état, et particulièrement l'article 15 sur lequel il n'a pas été statué.

M. MATHIEU. L'amendement n'avait pas sa raison d'être si l'article tenait état.

M. JULES FAVRE. L'amendement avait sa raison d'être précisément dans la nécessité que la commission pût se prononcer en connaissance de cause sur l'article 15, et elle ne pouvait le faire qu'à la condition de savoir préalablement le sentiment de la Chambre au sujet de la proposition d'ajournement. L'honorable M. Mathieu, qui vient de m'interrompre, sait à merveille qu'on ne vote un article qu'après qu'on a statué sur les amendements. Il fallait donc que l'on sût ce que deviendrait l'amendement avant qu'on ne s'occupât de l'article qu'il s'agissait de modifier.

L'interruption que l'honorable M. Mathieu a bien voulu me faire l'honneur de m'adresser éclaircit donc parfaitement la question : l'amendement seul ayant été mis en délibération, on n'a pu statuer sur l'article. (Assentiment à la gauche de l'orateur.)

Eh bien, Messieurs, si on n'a pas statué sur l'article, il est clair que le pouvoir de la Chambre reste tout entier. Et ici, veuillez me permettre de vous le dire, ce que nous voudrions, c'est qu'il fût possible que le gouvernement apportât à la tribune, non pas une déclaration, ce qui a toujours une très-grande importance, mais la raison de cette déclaration, ce qui, à nos yeux, en aurait encore une beaucoup plus grande.

En effet, nous ne pouvons pas oublier, et l'honorable M. Berryer le rappelait tout à l'heure avec beaucoup d'autorité, que la proposition que nous soutenons est celle du Gouvernement; car celui-ci, dans son projet de loi, a demandé la liberté du commerce de l'imprimerie et de la librairie. Les inconvénients qui, tout à l'heure, frappaient l'honorable M. Nogent Saint-Laurens, et cette longue chaîne historique de souvenirs qu'il nous opposait pour entraver la discussion, tout cela a été apprécié et écarté par le Gouvernement et non pas écarté à la légère par pure fantaisie, sans avoir pesé à l'avance les raisons qui pouvaient être invoquées pour le monopole de l'imprimerie, puisque l'honorable M. Berryer a mis sous vos yeux... (Bruit de conversations qui couvrent la voix de l'orateur.)

Si la Chambre ne veut pas écouter... (Parlez ! parlez !)

M. LE PRÉSIDENT ALFRED LE ROUX. Veuillez continuer, Monsieur Jules Favre.

M. JULES FAVRE. Il n'y a rien de plus incommode que de parler au milieu des conversations; je n'ai aucun dessein de fatiguer la Chambre, je la prie de le croire, et je suis prêt à descendre de la tribune. (Parlez! parlez!)

Il me semble qu'il y aurait un moyen très-simple de vider la question des conversations, c'est que ceux qui veulent converser n'assistent pas à la séance. (Murmures sur plusieurs bancs. — Approbation à la gauche de l'orateur.)

M. ÉMILE OLLIVIER. C'est ainsi que cela se passe en Angleterre : ceux qui ne veulent pas écouter s'en vont. (Exclamations et rumeurs sur divers bancs.)

M. JULES FAVRE. Si cette parole est désobligeante, elle l'est pour ceux-là seuls qui ne veulent pas écouter; quant à moi, je la trouve parfaitement convenable : elle indique le seul moyen praticable pour que les conversations cessent. (Parlez! parlez!)

M. LÉOPOLD JAVAL. Ah! c'est que toute vérité n'est pas agréable à entendre.

M. JULES FAVRE. J'avais l'honneur de dire à la Chambre que la proposition que nous venons défendre est celle du Gouvernement, que le Gouvernement l'avait déposée dans son projet de loi; j'allais ajouter, quand le bruit m'a interrompu, qu'il l'avait déposée dans son projet en l'accompagnant et en la fortifiant, ainsi que l'avait rappelé l'honorable M. Berryer, par les considérations les plus graves, et que ces considérations étaient précisément empruntées à la liberté de transaction, à la nécessité de mettre cette partie de notre production en harmonie avec les autres.

Maintenant, Messieurs, je dis que je ne crains pas d'affirmer que, quels qu'aient été à cet égard les scrupules de la commission, M. le ministre d'État n'aurait pas eu besoin d'user de toute son autorité et de tout son talent, en défendant sa proposition, pour la faire agréer par la majorité de cette Assemblée; et cependant M. le ministre d'État est monté à cette tribune pour déclarer que cette proposition, qui avait été défendue dans l'exposé des motifs du projet de loi par des considérations si importantes, si décisives, il l'abandonnait

brusquement; et par quelles raisons? Parce que la commission avait pensé qu'il était nécessaire de se livrer à une
enquête !...

Mais, Messieurs, où nous conduirait une pareille objection
de la part de la commission? A une présomption qui serait
assurément très-téméraire et que, pour ma part, je ne me
permettrai pas : c'est que le Gouvernement aurait apporté ici
une solution sur un point si grave sans y avoir suffisamment
réfléchi... (Oh ! oh !) La commission n'y a pas pris garde,
mais bien certainement, contrairement à sa volonté, elle a
fait un acte de méfiance; elle a lancé contre le Gouvernement
un soupçon qui est venu atteindre celui-ci directement...
(Mais non ! mais non !) Car enfin, s'il est vrai que les intérêts
que la commission protége puissent être blessés par la proposition qu'avait faite le Gouvernement, il faut en conclure que
le Gouvernement n'y avait pas suffisamment regardé de près,
et qu'alors, avant d'avoir étudié les faits, il a proposé à l'adhésion de cette Assemblée une formule devant laquelle, sur les
avertissements de la commission, il a reculé. (Mouvements
divers.)

Eh bien, j'en demande pardon à la commission : le Gouvernement non-seulement était dans son droit, mais encore il
était d'accord avec tous les principes, avec la raison gouvernementale comme avec la raison économique.

Quels sont donc les arguments sur lesquels la commission
s'est appuyée pour obtenir de la part du Gouvernement ce
changement de front tout à fait inattendu?

Nous ne pouvons pas connaître quels ont été les épanche-
ments intimes de la commission avec le ministère et mesurer
la force des raisons qui ont été échangées; mais, si nous en
jugeons par ce qui s'est passé officiellement, c'est-à-dire par
ce que nous lisons dans le rapport, nous voyons que la commission en est réduite à se retrancher derrière l'opinion du
premier Empereur, lequel, vous le savez tous, Messieurs,
n'était point favorable à l'extension de la pensée. Or, en ce

qui concerne l'imprimerie, voici ce qu'il disait, et c'est la commission qui recueille ces paroles comme étant son meilleur argument :

« L'imprimerie est un arsenal qu'il importe de ne pas mettre à la disposition de tout le monde. L'imprimerie n'est pas un commerce... »

Je recommande cela à notre honorable collègue M. Paul Dupont.

« L'imprimerie n'est point un commerce, il ne doit donc pas suffire d'une simple patente pour s'y livrer ; il s'agit ici d'un état qui intéresse la politique, et dès lors la politique doit en être juge. Les imprimeurs doivent être assimilés aux notaires, aux avoués, qui n'entrent que dans les places vacantes et qui n'y entrent que par nomination. »

Eh bien, Messieurs, cette doctrine du premier Empereur, elle pourrait très-bien figurer dans une déclaration de Charles IX ou de Henri II. (Très-bien ! très-bien ! sur quelques bancs à la gauche de l'orateur. — Rumeurs sur un grand nombre d'autres.)

Messieurs, si vous voulez vous reporter aux préambules des édits par lesquels les imprimeurs étaient molestés, réduits à la gêne, par lesquels on exerçait sur eux le pouvoir le plus jaloux et le plus despotique, vous verrez qu'il y a identité parfaite.

Quoi ! Messieurs, on dit, en présence de l'état de la civilisation, de la rénovation qui s'est opérée en Europe, que cette branche de notre travail national doit être placée sous le joug de la politique qui est exclusivement juge de ses développements et de ses conditions d'existence !... Que notre honorable rapporteur vienne justifier de semblables paroles à cette tribune, et je crois que, malgré son talent, il y éprouvera quelques difficultés.

Considérons, Messieurs, les choses comme elles doivent l'être. Si en effet, depuis l'invention de l'imprimerie, cette industrie a été constamment mise à la gêne, c'est qu'elle était au service de l'expansion de la pensée, c'est que la pensée a toujours été suspecte au despotisme, c'est que les tyrans ont toujours redouté ses manifestations et qu'ils n'ont jamais voulu subir la critique et la censure. (Approbation à la gauche de l'orateur. — Réclamations sur un grand nombre de bancs.)

En vérité, Messieurs, contester de pareilles propositions c'est s'exposer à exciter, au moins chez moi, un grand étonnement, car il suffit d'ouvrir l'histoire pour les trouver justifiées. Il est bien certain que toutes les réglementations qui ont été édictées contre les imprimeurs n'ont pas eu d'autre objet que la compression de la pensée dont ils étaient les auxiliaires; et si vous voulez prendre la peine de lire les déclarations très-nombreuses que nous offre notre droit ancien, et qui émanent des différents monarques, vous y verrez qu'elles n'ont jamais eu d'autre inspiration que celle que j'ai eu l'honneur de signaler à la Chambre : la pensée, elle y est considérée comme une ennemie, elle y est considérée comme ne pouvant exister qu'à la condition de tolérance et de privilége ; on y exerce sur elle un droit régalien, et on y déclare que si jamais ce droit venait à disparaître, c'en serait fait du principe d'autorité.

Voilà, Messieurs, ce que nous rencontrons dans toutes les anciennes déclarations. Cet état de choses que M. le rapporteur veut maintenir, le croit-il en harmonie avec les mœurs du temps? Qu'il vienne le soutenir en justifiant la proposition par laquelle, je lui en demande pardon, j'ai pris la liberté de l'interrompre. Quelle est la raison pour laquelle il faut aux imprimeurs des garanties spéciales de capacité et de moralité? La moralité, elle est sans doute la base de toutes les actions humaines. Les transactions commerciales ne vivent qu'à la condition du respect des principes, de la probité, de la délicatesse; mais est-ce qu'il faut autre chose? faut-il des règles spéciales pour être imprimeur et libraire? Évidemment, non!

L'imprimeur ne peut être assujetti à des règles spéciales pour l'exercice de sa profession. Et cette réglementation à l'aide de laquelle jusqu'ici vous avez mis l'imprimerie sous la main du pouvoir, elle a été défavorable au développement de cette industrie, défavorable à la liberté de la pensée, et dans un grand nombre de circonstances, elle a été défavorable à l'exercice et à la considération du pouvoir. (Très-bien! autour de l'orateur.) Car enfin, quand nous jetons les yeux sur le pas ⁵, qu'est-ce que nous y voyons? C'est que, malgré tous les soins les plus minutieux avec lesquels on a essayé d'enchaîner la pensée, la pensée n'a pas moins rompu les liens, brisé les entraves dont on avait voulu la charger. Est-ce à dire, cependant, que ces précautions ne lui aient pas été nuisibles? Non, certainement.

J'entends souvent répéter que le droit est imprescriptible, est impérissable, et qu'il triomphe de tous les obstacles qui lui sont opposés. Cela est vrai; mais n'est-ce rien que de voir son triomphe ajourné? N'est-ce rien encore que les efforts qui sont tentés par les populations pour arriver à pouvoir en jouir? Mais l'ajournement du droit, c'est la prédominance au moins passagère de la force, de l'erreur et de l'ignorance; et dans les efforts qu'on fait pour le conquérir, l'innocence peut être frappée, celui qui défend la vérité peut subir la persécution et peut être condamné un jour, sauf à être le lendemain glorifié.

D'ailleurs, Messieurs, laissez-moi ajouter que rien n'est plus inexact que de prétendre que cette persécution de la pensée n'a pas considérablement entravé l'essor de l'esprit public. Si vous voulez comparer la France d'avant 1789 avec l'Angleterre et la Hollande à la même époque, vous trouverez que, pour les sciences morales et politiques et pour la pratique de la liberté, la France ne pouvait pas contester son infériorité. Si depuis 1789 elle a pris son essor, c'est qu'à cette époque la liberté lui a été accordée. A cette époque aussi, comme corollaire nécessaire de cette liberté, nous avons vu disparaître le monopole de l'imprimerie et toutes les entraves que la législation monarchique lui avait imposées.

Ces entraves ont été rétablies, et cela était tout simple, par le monarque victorieux qui avait dicté ses lois à l'Europe et qui tenait la France sous son joug : en 1810, il a fallu que l'imprimerie participât au régime commun de la servitude, et vous savez quelles ont été les dispositions pleines de dureté qui ont été prises vis-à-vis d'elle.

Cette législation de 1810, fortifiée par la législation de 1814, elle a été maintenue jusqu'à nos jours. Et votre honorable rapporteur ne trouvait pas d'argumentation meilleure que celle-ci : Cet abus a été maintenu par vous; vous avez, en 1848, commis le tort de n'en pas faire justice; par conséquent, nous pouvons bien le conserver.

En vérité, Messieurs, si nous avons commis cette faute, on peut nous la reprocher, et ce n'est que justice; mais vouloir la commettre après nous, et vouloir s'abriter derrière ce que nous avons fait pour faire mal, c'est là une argumentation sans crédit dans une Chambre aussi sérieuse que celle-ci. (Bruits et mouvements divers.)

Et en définitive, je ne saurais trop le répéter, nous sommes en face du Gouvernement qui demande la liberté de l'imprimerie, et de la commission qui combat cette doctrine. Je ne chercherai pas à faire ressortir ce qu'il y a d'étrange dans cette situation singulière, parce qu'il me serait difficile de suivre librement ma pensée en voyant la Chambre aussi impatiente d'en finir avec cette loi ; mais quand je donne quelques raisons à l'appui de la doctrine du Gouvernement, la commission n'en trouve aucune pour l'appuyer de son côté, et elle s'empresse de rentrer, au contraire, dans les doctrines rétrogrades, contrairement au Gouvernement qui est favorable au progrès. Cette situation me paraît inadmissible.

M. Fabre. Je demande la parole.

M. Jules Favre. Que propose-t-on sur l'article 15 tel qu'il est présenté aujourd'hui?

Il a été discuté par l'honorable M. Berryer avec trop d'autorité pour que je retienne longtemps la Chambre à cet égard. Cependant, il m'est impossible de ne pas vous faire observer que, tel qu'il a été discuté, cet article introduit dans la législation et dans la pratique une inévitable confusion. Je crains qu'avec les intentions les meilleures, auxquelles je me plais à rendre hommage, la commission ne se soit pas rendu un compte exact de ce qui allait arriver si cet article était voté et appliqué.

En effet, il semble que ce soit un privilége que vous donnez au journaliste : il en obtient un, en effet, et c'est ce privilége, soyez-en sûrs, qui lui portera malheur.

Je n'examine pas ce que disait l'honorable M. Berryer avec tant de justesse sur la difficulté d'établir une imprimerie. Je la suppose établie. Si cette imprimerie était l'annexe nécessaire d'un journal, si elle était là comme dans une espèce de port franc à l'abri des coups de la législation, jusqu'à un certain point je comprendrais la disposition que la commission a proposée; mais, prenez-y garde, cet article devra être combiné avec toutes les autres dispositions législatives qui continuent à exister, et, au nombre de ces dispositions, il s'en trouve une qui place les imprimeries et les librairies sous la surveillance et l'omnipotence du pouvoir.

S'est-on occupé de ces questions? la commission les a-t-elle éclaircies? a-t-elle dit quel était ce régime sous lequel vivrait cet imprimeur spécial qu'on appelle l'imprimeur journaliste? Sera-t-il affranchi des prescriptions si nombreuses, si pleines de minuties et de défiance qu'on impose aux imprimeurs?

Tout à l'heure l'honorable M. Berryer invoquait l'expérience d'un de nos plus honorables collègues, qui peut nous fournir des lumières spéciales; je le prends à témoin, c'est sa loyauté que j'atteste; il est à la tête d'un établissement important qui est dirigé avec une rare intelligence ; eh bien, n'est-il pas certain qu'il est exposé à se trouver dans une situation cent fois inférieure à celle du juste qui, si mes souvenirs sont exacts, ne pèche pas sept fois par jour, mais soixante-dix-sept fois sept fois ? Si on voulait s'introduire dans l'imprimerie de notre honorable collègue, on y découvrirait un grand nombre de contraventions, car il en est qui échappent nécessairement à la faiblesse humaine.

Ceci étant établi, il est difficile, — et si l'expression de ma pensée avait quelque chose d'exagéré, je la rétablirais par cette formule générale, — il est difficile à un imprimeur d'échapper aux contraventions de détail dont il est incessamment menacé.

Nous rencontrons dans l'article 14 de la loi du 11 octobre 1814 cet article, que le brevet d'un imprimeur peut être retiré par l'administration toutes les fois que l'imprimeur a commis un délit, une contravention aux lois et règlements, de telle sorte qu'il est incessamment soumis au régime administratif, et que, si vous ne dites pas que l'imprimeur d'un journal en sera affranchi, il s'ensuivra que l'imprimeur d'un journal demeurera encore *in manu* abandonné à l'arbitraire et au bon plaisir du pouvoir, lequel, connaissant les siens, tolèrera ceux qui lui plaisent, et arrivera à détruire ceux qui le gênent.

Voilà le régime auquel sont condamnés les imprimeurs qui s'établiront pour fonder un journal ; ils subsisteront par tolérance, et si cette tolérance vient à cesser, on pourra trancher du coup leur existence.

M. HAENTJENS. Ce régime ne durera qu'un an.

M. JULES FAVRE. Leur existence est donc tout à fait incertaine, tout à fait précaire, et, je vous en demande pardon, cela pourra durer.

Vous avez introduit dans votre amendement un mot qui a été très-justement critiqué par l'honorable M. Berryer, et qui me paraît, quant à moi, digne de ce moyen âge auquel

je faisais tout à l'heure allusion; c'est le mot : « exclusive-
« ment. »

Ainsi voilà un instrument de travail, de diffusion de la pensée, de manifestation des lumières, c'est-à-dire une imprimerie, qui s'établit dans une ville comme annexe d'un journal ;
il n'y a pas d'autre imprimerie pouvant servir un journal ; mais
quand l'imprimeur aura imprimé le journal, il lui sera inter-
dit de se livrer à aucune autre espèce de travail : et si un citoyen de cette ville veut faire imprimer quoi que ce soit, il faudra qu'il franchisse des distances considérables pour trouver
une imprimerie, et cette imprimerie spéciale d'un journal
sera condamnée exclusivement à imprimer le journal ; il lui
sera défendu d'imprimer toute autre chose. Est-ce que vous
croyez que les imprimeries, en France, sont extrêmement
nombreuses? Vous n'avez qu'à vérifier les statistiques, et elles
vous montreront qu'il y a moins d'une imprimerie par
40,000 habitants.

Voilà où nous en sommes en 1867, et je suis humilié pour
mon pays quand je songe que l'on rencontre une imprimerie
dans les moindres villages de certains pays : que dans la libre
Amérique ce sont toujours l'école, l'imprimerie, l'église qu'on
établit tout d'abord pour fonder la commune, c'est-à-dire
ce qui tend à élever l'esprit, à développer l'intelligence.

Je crois, Messieurs, que les raisons qui ont été données par
le Gouvernement doivent subsister et prévaloir.

Le Gouvernement n'a pas daigné se combattre lui-même.
M. le ministre d'Etat a lancé l'anathème contre M. le ministre
de l'intérieur, cela est vrai (Exclamations et rires); mais il ne
nous a pas dit quelle avait été la raison de cette détermina-
tion si grave.

Je dis lancer l'anathème, et je crois que je suis dans la vérité. Nous avons tous trop l'expérience des choses humaines
pour ne pas savoir que les ajournements et les enquêtes sont
des moyens d'en finir à jamais avec des questions importunes
et devant lesquelles on recule par des scrupules que rien ne

peut justifier. Car, laissez-moi vous le dire en terminant, et je vous demande pardon d'abuser si longtemps de votre patience, c'est une observation à laquelle je voudrais qu'il fût répondu par souci des intérêts les plus chers que très-certainement vous voulez aussi bien que moi protéger ; laissez-moi vous le dire, cette décision d'ajournement, soyez-en bien sûrs, elle est mortelle pour les imprimeurs, elle laisse tout en suspens.

Mais, en vérité, il me serait permis de vous dire que si vous avez un génie, c'est celui de l'irrésolution : tout ce que vous touchez, vous le résolvez en théorie, et puis vous reculez devant la pratique. (Bruit.)

Si je voulais justifier cette opinion, en abordant le terrain de la pratique, cela me serait facile ; mais j'abuserais des moments de la Chambre, et j'aime mieux la résumer dans cette dernière observation : dans ce monde, il n'y a rien de pis que l'incertitude des règles qui sont imposées aux citoyens ; mieux vaut une mesure qui peut être critiquée, qui peut blesser quelques intérêts, que ces ajournements indéfinis pendant lesquels tout s'étiole, tout se paralyse, toutes les transactions s'arrêtent.

Eh bien, Messieurs, c'est précisément afin d'empêcher cet état de choses qui me paraît si mauvais, que je supplie la Chambre de vouloir bien renvoyer à la commission le nouvel article 15.

Par le renvoi de l'article 15, l'article ancien reparaîtra, et il n'a pas pu disparaître par le fait de la commission et du Gouvernement ; le droit de la Chambre reste entier, et je la supplie de vouloir bien en faire usage dans le sens de la liberté et du progrès ; ce ne sera pas une très-grande témérité, puisque nous serons à la suite du Gouvernement dans sa première résolution. (Approbation sur les bancs à gauche.)

M. HAENTJENS. Je demande à adresser une question à la commission.

M. LE PRÉSIDENT ALFRED LE ROUX. Avant de laisser continuer

le débat, je crois qu'il est nécessaire, dans l'intérêt de la position de la question dont la Chambre s'occupe en ce moment, de bien exposer l'ordre de discussion auquel on a fait subir, involontairement sans doute, une certaine déviation.

L'ordre naturel de la discussion était de suivre les amendements, dont la prise en considération, au cas où elle aurait lieu, impliquerait le renvoi de l'article devant la commission.

L'honorable M. Berryer a insisté pour parler sur l'article lui-même. Je lui ai laissé la parole : de là le débat qui s'est engagé devant vous sur l'article même et sur le renvoi direct à la commission que ce débat pouvait avoir pour conséquence de faire prononcer.

Mais je crois ici non-seulement revenir à l'observation du règlement, mais rendre service à la Chambre en éclairant la marche de la discussion et en disant que, pour arriver à un résultat pratique, il faut procéder ainsi que je l'expliquais tout à l'heure, c'est-à-dire discuter les amendements. (Oui ! oui ! c'est cela !)

Il y a trois amendements : si l'un d'eux était pris en considération par la Chambre, — ce que je n'ai nullement à préjuger en ce moment-ci, — naturellement cette prise en considération entraînerait le renvoi à la commission de l'amendement et de l'article, et, par conséquent, on verrait se reproduire les idées que la Chambre pourrait juger à propos de manifester.

M. DARIMON. Je demande la parole.

M. LE PRÉSIDENT ALFRED LE ROUX. Je crois donc, dans l'intérêt de la délibération, devoir prier la Chambre de s'occuper d'abord des amendements, d'entendre leur développement, de les examiner et de décider sur leur prise ou leur non-prise en considération. (Marques d'assentiment.)

Il est bon de reprendre maintenant l'ordre naturel de nos débats et l'examen des amendements qui doivent être successivement passés en revue.

M. ÉMILE OLLIVIER. Laissez répondre à M. Jules Favre.

M. LE PRÉSIDENT ALFRED LE ROUX. Ce que je dis ne tend nullement à empêcher la réponse; mais je crois qu'il était bon de placer au moment utile l'explication que je viens de donner à la Chambre. (Approbation.)

M. DARIMON. Je demande la parole, Monsieur le président.

Un certain nombre de nos collègues n'ont pas compris la question comme vous l'avez expliquée à la Chambre.

M. LE PRÉSIDENT ALFRED LE ROUX. Permettez-moi de vous dire que je ne tranche en aucune façon la question, et que je n'ai ni mission, ni pouvoir, ni intention de la trancher.

M. DARIMON. Voici comment ils l'ont comprise : Nous sommes en présence d'un article 15 nouveau, proposé par la commission ; mais de ce que la commission propose l'article 15 nouveau, il ne s'ensuit pas que l'article 15 ancien ne puisse plus être remis en discussion. La commission en propose la suppression.... (Non ! non !)

M. LE RAPPORTEUR. C'est une erreur.

M. DARIMON. Ce que je demande est ceci : Aurons-nous à voter sur la suppression de l'ancien article 15 ou seulement sur l'article 15 nouveau.

M. LE PRÉSIDENT ALFRED LE ROUX. Si vous voulez engager la question de fond maintenant, je ne m'y refuse pas; seulement, comme il y a, suivant moi, pour la Chambre un moyen d'arriver à dégager le débat de toute confusion, et cela par l'examen successif des amendements et la décision à intervenir sur chacun d'eux, j'ai cru et je crois encore qu'il est très-désirable, dans l'intérêt de la marche régulière de nos travaux, de procéder en suivant l'ordre de ces amendements. (Oui ! oui ! — Très-bien !) Procédons ainsi; nous verrons ensuite. Je le déclare, je ne pose pas, quant à présent, la question de fond.

Sous le bénéfice de ces observations, la parole est à M. Fabre.

M. FABRE. Je n'ai pas, Messieurs, l'intention de suivre l'honorable M. Jules Favre dans tous les développements auxquels il s'est livré ; je veux me renfermer dans la discussion de l'article 15, et j'arrive sans préambule à l'examen des trois questions soulevés par les précédents orateurs.

Il y a d'abord une première question sur la portée du vote de la séance du 14 février ; il y a, en outre, une question de propriété et une question de liberté. Quelques mots sur chacune de ces questions.

Je prétends que la commission a donné au vote du 14 février la seule interprétation qui fût conforme au sentiment de la Chambre. On a essayé de le contester ; ce qui m'est apparu, c'est qu'en prenant en considération l'amendement présenté par la commission, la Chambre a voulu s'associer aux deux idées qui l'avaient motivé.

Dans quelles conditions se présentait le projet de loi sur la question qui vous est soumise? Le Gouvernement avait proposé la suppression des brevets d'imprimeur; c'est là une pensée assurément très-libérale et qui ne peut manquer de passer dans la loi ; mais, lorsque la commission est arrivée à l'examen de cet article, elle s'est trouvée en présence des réclamations aussi nombreuses qu'énergiques des imprimeurs, qui prétendent être atteints dans leur droit de propriété.

Une voix. C'est cela !

M. FABRE. Contrairement à la pensée du Gouvernement, la commission a cru qu'il pouvait y avoir dans ces réclamations quelque chose de fondé. Je n'examine pas, quant à présent, la question de savoir si les prétentions des imprimeurs devront être accueillies ; mais je trouve très-naturel qu'en présence d'une question de propriété, la commission ait voulu une enquête préalable. Elle ne pouvait, dans une question si grave, se prononcer d'une manière définitive sans entendre les parties intéressées.

Telle a été aussi son opinion, et c'est pour cela qu'elle n'a voulu ni accepter ni repousser les prétentions des imprimeurs; leurs droits, s'ils existent, demeurent entièrement réservés. La Chambre a certainement voulu suivre la commission dans la voie que je viens d'indiquer; la prise en considération de l'amendement n'avait pas et ne pouvait avoir un autre sens. J'y vois avant tout une réserve expresse des droits des imprimeurs actuellement pourvus de brevet.

Le vote a été dicté en outre par une autre pensée. L'article 1er autorise à créer un journal tout individu qui en fait la déclaration. De ce côté de la Chambre (l'orateur désigne les bancs situés à sa gauche), on a prétendu avec raison que si les brevets n'étaient pas supprimés, ou que si quiconque voulant fonder un journal n'obtenait pas en même temps le brevet, la disposition de l'article pouvait être illusoire. C'est là sans doute une exagération. Cependant ce cas pouvait rigoureusement se présenter.

Le refus ou les prétentions excessives d'un imprimeur pourraient rendre impossible la création d'un journal.

Et alors, en effet, la disposition de l'article 1er ne pouvait plus avoir d'efficacité. La commission n'a pas voulu être inconséquente, elle n'a pas voulu que les exigences d'un imprimeur pussent jamais devenir un obstacle à l'exercice du droit établi par les dispositions de l'article 1er, et, comme conséquence nécessaire de ces dispositions, elle a inséré dans la loi l'article 15, aux termes duquel quiconque voudra établir un journal pourra toujours obtenir un brevet d'imprimeur.

Il est vrai que cette imprimerie ne peut être employée qu'à l'impression du journal, et c'est ici que MM. Berryer et Jules Favre trouvent une aggravation de la situation actuelle. C'est le point que je dois examiner particulièrement.

L'honorable M. Berryer vous a dit : Une pareille disposition, au lieu de créer des facilités nouvelles, vient aggraver la situation de quiconque veut fonder un journal, et l'honorable M. Berryer suppose d'abord qu'à côté du journal viendra toujours se placer une imprimerie, et par suite, vous dit-il, le brevet restreint, disparaissant en cas de suppression du journal, périssant avec lui, entraîne pour le journaliste une peine que vous n'avez pas voulu lui imposer, qui n'est pas dans la loi.

On peut répondre d'abord que la création d'une imprimerie exclusivement destinée au journal sera une rare exception.

Mais j'ajoute, et c'est là, ce me semble, une raison décisive, que la commission ne pouvait aller au delà sans se prononcer sur le droit des imprimeurs, et vous savez déjà qu'elle ne voulait pas le faire pour des motifs qui vous ont paru excellents.

En agissant comme elle l'a fait, a-t-elle accordé une facilité de plus ou imposé une restriction ?

Je maintiens qu'en réalité elle a élargi le droit, et si vous voulez être conséquents, vous reconnaîtrez que votre objection première était seule sérieuse ; j'admets en effet que vous aviez raison lorsque vous vous plaigniez de ce qu'à côté de l'autorisation de fonder le journal ne se plaçait pas, pour le Gouvernement, l'obligation d'accorder un brevet. L'article 15 vous donne satisfaction.

Aujourd'hui, qu'arriverait-il si les imprimeurs actuellement munis de brevets venaient à refuser d'imprimer le journal à des conditions convenables? Le créateur, le fondateur du journal ne pourrait plus être arrêté, et du moment qu'on saura qu'il a toujours la faculté d'obtenir un brevet nouveau, il est certain qu'il trouvera auprès des imprimeurs actuellement existants des facilités plus grandes.

M. ERNEST PICARD. Ce sera un brevet limité au journal, par conséquent un brevet ruineux.

M. FABRE. Le droit se trouvera donc élargi.

Mais pourquoi le brevet est-il exclusif et ne peut-il servir qu'à l'impression du journal ? Voilà bien, je crois, le point le plus délicat de la question dans la pensée des orateurs auxquels je réponds.

La raison en est simple et vous l'admettrez certainement. On ne pouvait accorder un brevet pur et simple sans trancher d'ores et déjà la question que la Chambre a voulu réserver.

M. MATHIEU. C'est évident !

M. FABRE. Si, dès aujourd'hui, on eût supprimé les mots : « *exclusivement employé à l'impression du journal,* » un nombre illimité de brevets nouveaux pouvait surgir, et dès lors il y avait, non pas pour vous, qui niez le droit des imprimeurs, mais pour ceux qui estiment qu'il peut y avoir un droit de propriété, il y avait une atteinte portée aux propriétaires des brevets, et, la question se trouvant tranchée, vous les expropriiez dans une certaine mesure, et vous les expropriiez sans indemnité préalable. Vous violiez les principes les plus respectés dans toutes les lois.

M. GARNIER-PAGÈS. Je demande la parole.

M. ADOLPHE GUÉROULT. Ils ne se laisseront pas exproprier; dans ce cas-là ils consentiront à imprimer.

Plusieurs voix. N'interrompez pas !

M. FABRE. Ce système ne répond évidemment pas à la pensée de ceux qui croient qu'un imprimeur n'a aucun droit, qu'on peut créer des brevets nouveaux et supprimer ceux existants sans accorder d'indemnité; mais il me paraît sans réplique pour ceux qui professent l'opinion contraire.

M. GARNIER-PAGÈS. Mais cette question est réservée?

M. FABRE. Oui, cette question est réservée, mais je prétends que vous ne pouvez pas la réserver et insérer en même temps dans la loi que des brevets d'imprimeur devront être accordés et pourront être employés à autre chose qu'à l'impression d'un journal.

Je prétends qu'en accordant d'ores et déjà à quiconque voudra créer un journal un brevet d'imprimeur, on améliore la situation, on réalise un progrès sérieux incontestable. C'est donc le contraire de ce qui a été allégué et soutenu par l'honorable M. Berryer et par l'honorable M. Jules Favre.

Il n'y a dans l'article 15 que ces trois questions, et l'article les résout dans le sens le plus conforme aux votes antérieurs, car il réserve la question que la commission et la Chambre n'ont pas voulu trancher; il étend le droit actuel dans un sens très-libéral, puisqu'il assure un moyen de publication qui pouvait dans certains cas manquer au fondateur d'un journal.

On lui reproche de contenir une restriction ; restriction nécessaire cependant, car si vous allez au delà, vous expropriez, vous dépouillez les imprimeurs dès aujourd'hui, et par conséquent vous tranchez la question de propriété.

La Chambre n'hésitera pas à voter cet article, l'un des plus importants du projet de loi.

Je borne là mes observations, ne voulant pas sortir des trois points que j'avais promis d'examiner et qui me paraissent démontrés. (Très-bien ! très-bien !)

M. HAENTJENS. Je désire demander une explication à la commission sur le mot *exclusivement*.

M. EUGÈNE PELLETAN. J'ai demandé la parole antérieurement.

M. LE PRÉSIDENT ALFRED LE ROUX. M. Haentjens, vous parlerez après M. Pelletan, qui a demandé la parole avant vous.

La parole est à M. Pelletan.

M. EUGÈNE PELLETAN. Messieurs, je ne veux pas rentrer dans la question générale du retrait des brevets des imprimeurs et des libraires. Il est évident que cette question n'est pas une question réservée. Quand cette question est posée dans une enquête, elle est résolue d'avance. Nous n'avons donc à remplir, à l'heure qu'il est, qu'un intérim.

La loi provisoire sur les brevets, nous dit-on, sera appliquée avant qu'un nouveau projet nous soit présenté pour abolir les brevets des imprimeurs et les brevets des libraires. Dans l'intervalle, qu'avons-nous à faire ? Permettre aux nouveaux journaux de pouvoir se créer, dans le cas où ils voudront se créer, dans des chefs-lieux de département ou d'arrondissement où il n'y aurait pas d'imprimerie, ce qui est un cas fréquent...

Un membre. Ailleurs que dans les chefs-lieux !

M. Eugène Pelletan. Surtout pour les chefs-lieux d'arrondissement.

Alors vous accordez le droit d'établir une imprimerie uniquement pour publier un journal, c'est-à-dire que vous accordez un droit complétement illusoire, comme l'a très-bien dit l'honorable M. Berryer.

Je défie une imprimerie, quelle qu'elle soit, de pouvoir faire ses frais, de payer ses ouvriers si elle n'avait qu'un journal à publier, et surtout un journal qui ne paraît que deux fois par semaine. (Interruption.) Oh! je vous demande pardon.

Dans l'argumentation de l'honorable M. Fabre, il y a une erreur complète, une erreur de fait : il a dit qu'on avait réservé la question de l'imprimerie, parce qu'il y avait une question de propriété à résoudre. La question de propriété, elle n'existe absolument que pour Paris... (Dénégations.), elle n'existe pas pour les départements.

M. Perras. Et Lyon?

M. Eugène Pelletan. Oui, elle existe pour Paris et Lyon seulement; pour tous les autres imprimeurs, vous n'avez pas à invoquer la question de propriété.

Plusieurs membres. Et pourquoi donc?

M. Eugène Pelletan. Je vous demande pardon.

Quelques voix à la gauche de l'orateur. La question est réservée.

M. Garnier-Pagès. Nous sommes d'accord là-dessus.

M. Eugène Pelletan. Oui, nous sommes d'accord là-dessus. Pourquoi ne serions-nous pas d'accord sur cette question, qui a été présentée par le Gouvernement, qui a été repoussée par la commission, mais qui peut être acceptée par la Chambre, et qui est celle-ci : « Les gérants de journaux sont autorisés à établir une imprimerie, » sans ajouter ces mots : « exclusivement destinée à l'impression du journal.» (Mouvements divers.)

Le Gouvernement a agréé cette solution, je crois que la

Chambre peut l'accepter. (Dénégations sur le banc des commissaires du Gouvernement.)

Je vous demande pardon. Voilà une solution pratique qui permet de fonder des imprimeries pour publier des journaux. Quant à la proposition de la commission, elle est, encore une fois, illusoire, et, dans l'intérim que nous traversons, il n'y a pas un seul journal qui pourrait paraître dans les localités où il n'y a pas une imprimerie. Par conséquent vous nous donnez une utopie et non une réalité. (Très-bien à la gauche de l'orateur.)

M. LE PRÉSIDENT ALFRED LE ROUX. M. Haentjens a la parole.

M. HAENTJENS. La proposition de la commission n'est nullement illusoire. Le mot « exclusivement » pourrait demander seul à être expliqué.

Il n'est pas douteux que l'article proposé par la commission ne doive être entendu dans le sens le plus large, et que la commission n'admette que les presses d'un journal puissent imprimer les circulaires, les affiches, les réimpressions de feuilleton, les primes du journal, etc., etc., tout ce qui constitue l'exploitation du journal ; je déclare que si l'article est interprété dans ce sens, il est parfaitement pratique, et si vous le voulez, je le démontrerai en deux mots. (Non ! non !— Parlez ! parlez !)

Quant à la première hypothèse de l'honorable M. Berryer, relative à l'établissement d'un journal à Paris, elle est en dehors de la question.

Je vais vous dire pourquoi. Quand on fonde un journal à Paris, on ne commence jamais par fonder une imprimerie, et il serait très-facile d'en établir une, puisque les brevets d'imprimeur ne coûtent pas plus d'une quinzaine de mille francs, et lorsqu'on est obligé de réunir un capital de trois ou quatre cent mille francs pour établir un journal, on n'est pas arrêté par cette dépense. Je le répète, lorsqu'on fonde un journal à Paris, jamais on n'établit une imprimerie, et par une raison bien simple, c'est qu'on n'est pas sûr de succès (Interruptions diverses.), et on ne veut pas ajouter à la chance de la perte d'un capital la chance de la perte qu'on subirait encore en revendant une imprimerie qu'on aurait créée.

Quant aux journaux de province, l'article donnera une solution pratique qui permettra d'attendre l'année prochaine ; ce sera une solution provisoire pratique. En effet, Messieurs, pour établir un journal quotidien en province, il sera extrêmement facile de se fournir, à un prix relativement peu élevé, d'une presse et du matériel nécessaire.

D'ailleurs on comprend si bien que cet article-là est pratique, que depuis quelques jours toutes les machines disponibles des fabricants de Paris ont été achetées par des personnes qui veulent établir des journaux en province. (Interruption.)

Je pourrais vous citer immédiatement quatre départements où l'on va expédier de ces presses.

Quant aux journaux qui paraissent deux ou trois fois par semaine, dont a parlé l'honorable M. Berryer, ils sont aussi en dehors de la question, parce que jamais ils ne pourront avoir une imprimerie à eux.

Quelques voix. Mais toute la question est là !

M. HAENTJENS. Les frais généraux d'imprimerie sont tels qu'ils n'auront aucun avantage à créer une imprimerie. Je puis vous indiquer en deux mots les dépenses qui sont nécessaires aussi bien pour imprimer un journal qui paraît deux fois par semaine que pour une feuille qui paraît tous les jours. (Non ! non ! — Si ! si ! — Parlez !) Ce sont les frais nécessités par l'obligation d'avoir un conducteur de machines, un prote, un correcteur, etc., J'aurais infiniment mieux aimé voir une solution radicale dès cette année. La Chambre ne l'a pas voulu, à cause de la question d'indemnité pour les imprimeries brevetées ; mais je déclare que si on ajourne la solution à un an, la disposition proposée par la commission donnera provisoirement satisfaction aux intérêts que nous avons voulu sauvegarder. (Très-bien ! sur plusieurs bancs. — Aux voix ! aux voix !)

M. PICCIONI. Je demande la parole pour une observation. (Aux voix ! aux voix !)

M. LE PRÉSIDENT ALFRED LE ROUX. Je crois que la discussion qui s'est élevée est tout à fait épuisée maintenant... (Oui ! oui !), et je demande à la Chambre de vouloir bien, tout en tenant compte de la discussion qui vient d'avoir lieu devant elle, de vouloir bien, dis-je, se souvenir des explications que je lui ai données tout à l'heure et de revenir par conséquent à l'examen des amendements qui sont soumis à son appréciation.

Le premier amendement dont j'avais donné lecture, et que je crois utile de remettre sous ses yeux, est celui de MM. Jules Simon...

M. PICCIONI. Voulez-vous me permettre, Monsieur le président, une simple explication ? (Parlez !)

Il me semble que cette question pourrait se résumer ainsi : Qu'est-ce qui est proposé à la Chambre ? L'abolition du brevet d'imprimeur. C'est, sans contredit, le Gouvernement qui l'a proposée dans l'article 15 qui a été renvoyé à la commission.

Pourquoi la Chambre ne s'est-elle pas associée à cette proposition ? Par un sentiment que je trouve très-équitable : c'est que la Chambre a cru que c'était léser des droits qui étaient parfaitement acquis ou qu'elle croyait parfaitement acquis.

Eh bien, aujourd'hui l'honorable M. Berryer et d'autres collègues nous font une proposition par laquelle ils trouvent le moyen de concilier tous les intérêts. Ce moyen qui nous est signalé, quant à moi, je le trouve très-équitable. (Rumeurs diverses.)

En effet, on me dit ceci : Autorisez ou supprimez d'ores et déjà ces brevets qui existent, et ensuite réservez les droits des intéressés jusqu'à la présentation du résultat de l'enquête.

Plusieurs membres. Très-bien !

M. PICCIONI. Je trouve cette proposition d'autant plus juste, je le répète, qu'elle sauvegarde parfaitement les intérêts de tous.

M. MATHIEU. Vous commencez par les tuer !

M. PICCIONI. Non, je réserve tous les droits à l'indemnité.

Voix de divers côtés. Il n'est pas possible de mettre aux voix cette proposition.

M. LE PRÉSIDENT ALFRED LE ROUX. Je ne peux pas consulter la Chambre sur une proposition dont elle n'est pas régulièrement saisie.

Je me borne à indiquer à la Chambre qu'elle doit apprécier les amendements, et que si un amendement était pris en considération, l'amendement et l'article seraient renvoyés à la commission, et alors toutes les idées pourraient se produire. (C'est cela ! — Très-bien !)

Voici l'amendement qui a été présenté par MM. Jules Simon, Garnier Pagès, Glais-Bizoin et Pelletan :

« La profession de libraire est affranchie de l'obligation du brevet. »

M. Jules Simon a la parole.

M. GLAIS-BIZOIN. Il faudra renvoyer cet amendement à la commission, pour en revenir à la proposition du Gouvernement.

M. LE PRÉSIDENT ALFRED LE ROUX. Je ne sais pas quel en sera le sort.

La parole est à M. Jules Simon pour le développer.

DISCOURS DE M. JULES SIMON

AU CORPS LÉGISLATIF

(Séance du 10 mars 1868.)

(Dans la discussion que nous rapportons ici, la plupart des discours où il s'est agi de l'Imprimerie se rapportent surtout, comme on l'a vu, à l'impression des journaux, et ont abouti à la faculté, pour chacun d'eux, de fonder une imprimerie spéciale. Ils s'écartent souvent quelque peu de notre sujet; il n'en est pas ainsi du remarquable discours de M. J. Simon sur la liberté de la librairie, dans lequel l'éminent orateur ayant, comme auteur de tant d'excellents ouvrages, une parfaite connaissance de l'Imprimerie et de la Librairie, nous paraît avoir résumé l'argumentation des partisans de la liberté.)

M. JULES SIMON. Messieurs, la question que je viens vous soumettre est toute différente de celle qui a été soulevée par le discours de l'honorable M. Berryer. (Interruption et bruits divers.)

Je dis que la question que je soumets à la Chambre est tout à fait différente de celle dont vous venez de vous occuper.

Vous venez de discuter sur la liberté de l'imprimerie, et je viens vous parler de la liberté de la librairie.

Un membre en face de l'orateur. C'est la même chose.

M. JULES SIMON. J'entends dire que c'est la même chose...

M. GARNIER-PAGÈS. C'est tout à fait différent.

M. JULES SIMON. L'honorable membre qui croit que les deux questions sont identiques me permettra de lui dire qu'il ne les a peut-être étudiées profondément ni l'une ni l'autre.

Il paraît très-difficile aujourd'hui d'obtenir l'attention de la Chambre. D'autres orateurs en ont fait l'expérience avec moi. Il s'agit cependant d'une des branches les plus importantes de notre industrie, de celle qui contribue le plus à répandre notre influence ; et il se trouve, par une coïncidence assez rare, que l'opinion que je viens soutenir était, il y a quelques semaines, l'opinion même du Gouvernement. C'est lui qui a proposé la liberté de la librairie ; lui qui, malgré les objections de la commission, a persisté dans son sentiment pendant toutes les discussions préparatoires, et réduit vos commissaires à nous apporter une sorte de procès-verbal de dissidence entre eux et lui. Dans ces conditions, je crois avoir le droit de compter sur un peu de silence (Interruption.) ; mais s'il vous est impossible d'écouter, je ne lutterai pas contre le bruit, et je descendrai à l'instant de la tribune. (Parlez ! parlez !)

Voix à gauche. Attendez le silence !

M. JULES SIMON. Je vous demande pardon d'insister ; mais ce n'est pas moi seul que je défends. Je parle pour tous ceux d'entre nous qui ont la voix un peu faible et qui, parfaitement prêts à discuter, n'ont ni le goût ni les moyens de crier. (On rit.)

Dans une précédente séance, la commission a demandé au Gouvernement, le Gouvernement a accordé à la commission l'ajournement de l'ancien article 15, c'est-à-dire de la liberté de l'imprimerie et de la librairie.

M. BERRYER. Mais cela n'a pas été voté!

M. JULES SIMON. M. Berryer dit que cela n'a pas été voté. Je le pense comme lui; la thèse que je soutiens en ce moment ne contredit sur aucun point la sienne. Nous pourrons voter tout à l'heure la liberté de l'imprimerie; nous la voterons, si nous sommes sages. Mais enfin il n'en est pas moins vrai que la commission a proposé de l'ajourner, et que le Gouvernement y a consenti. Je ne dis rien de plus, et il est évidemment impossible de contester cette assertion. Cela étant, nous avons pensé et nous pensons encore que les raisons, fort mauvaises à notre avis, qu'on allègue contre la liberté de l'imprimerie, ne valent rien contre la liberté de la librairie; et, pour ce motif, nous avons proposé à la Chambre de les voter séparément.

On s'est appuyé pour demander l'enquête, c'est-à-dire l'ajournement, sur deux questions : la question d'indemnité, et la question de propriété.

Qu'est-ce que la question d'indemnité? La voici : en 1810, les imprimeurs ont été réduits à 60 pour la ville de Paris (leur nombre a été plus tard porté à 80); les 60 imprimeurs conservés ont payé à chacun de leurs confrères supprimés une somme de 4,000 francs. De là une réclamation dont vous apprécierez l'importance, mais qui n'a rien à voir de près ou de loin avec la librairie. Voilà pour la question d'indemnité.

Quant à la question de propriété, on peut la considérer à un double point de vue. S'agit-il de la propriété du brevet? Cela ne me paraît pas être autre chose que l'ancienne question des maîtrises. Je n'admets pas qu'il y ait une propriété de cette nature. (Très-bien! à la gauche de l'orateur.) Sous

l'ancien régime, quand Turgot est venu proposer de supprimer les maîtrises, on a parlé d'indemnité; pourquoi? Parce
que les maîtrises s'achetaient, et c'était seulement le prix
payé en argent, et non pas du tout le brevet de maîtrise, qui
donnait droit à une indemnité. Ne parlons donc pas de la
propriété des brevets, parce qu'une telle propriété est également contraire à la justice, au droit écrit et aux principes de
l'économie politique.

S'agit-il de la propriété du matériel? J'avoue que le matériel d'une imprimerie a son importance en bâtiments, machines, caractères, etc.; et je dirai, si vous voulez, que les
valeurs représentées par ce matériel pouvant être rendues
improductives par les conséquences d'une loi sur la liberté
de l'imprimerie, il y a là tout au moins un sujet d'hésitation.
Mais pour être libraire, il suffit d'avoir trois ou quatre volumes à mettre en vente. Ayez-en quatre mille, si vous voulez; ayez-en quarante mille : tout ce que vous avez comme
libraire est vendable; tant qu'on n'en empêche pas l'écoulement, on ne vous cause aucun préjudice actuel. Il n'y a rien
là d'assimilable à un outillage. Donc, sous ce rapport comme
sous tous les autres, il est impossible de comparer la librairie à l'imprimerie. Donc, enfin, il n'y a pas une seule des
objections pour lesquelles vous retardez l'affranchissement
de l'imprimerie qui puisse être invoquée contre l'affranchissement immédiat de la librairie. Et c'est ce qu'il fallait démontrer.

Ce que je dois faire, après ces explications fournies, c'est
d'établir qu'il ne faut pas ajouter au tort très-grave que
nous nous donnons, d'ajourner la liberté de l'imprimerie,
le tort plus inexplicable d'ajourner la liberté de la libraire.

Je commence par me demander quel est l'intérêt des libraires et quelle est leur opinion. Vous verrez tout à l'heure

que ce n'est pas uniquement leur intérêt qui me préoccupe, et qu'il s'agit de quelque chose de très-supérieur à une question de commerce; mais il me semble qu'il est naturel de rechercher d'abord quels sont les inconvénients et les avantages du brevet que je propose de supprimer.

Le brevet ne peut avoir qu'un avantage; il n'a qu'un inconvénient. L'avantage est de protéger l'écoulement de la marchandise par la limitation du nombre de marchands. Je vous montrerai sans aucune peine que cet avantage est illusoire. L'inconvénient, c'est que le brevet, par cela seul qu'il est donné, peut être aussi retiré; ceci est grave.

Je sais que le brevet ne peut être retiré qu'après une condamnation judiciairement prononcée; mais je trouve ici quelque chose d'analogue à ce qu'il y avait de plus déplorable et, pour dire toute ma pensée, de plus détestable, dans la loi de 1852, c'est-à-dire la faculté donnée à l'administration d'ajouter arbitrairement à un jugement très-doux une peine très-dure. (Très-bien ! à la gauche de l'orateur.)

Un libraire, accusé d'une des mille contraventions inventées depuis soixante-dix ans par le génie de la répression à outrance, aura plaidé devant le tribunal les circonstances atténuantes; il aura, à force de peines et à force d'évidence, déterminé les juges à prononcer la condamnation la plus légère; et le ministre, ou plutôt les commis du ministre, pourront, sans l'interroger, sans connaître la plaidoirie de son avocat, du fond de leur cabinet, la condamner à la perte de sa profession, c'est-à-dire, je le répète, ajouter une pénalité énorme à une condamnation très-douce! J'appelle cela un déni de justice; plus qu'un déni de justice, le contraire même de la justice, la violation flagrante de tous les principes sur lesquels le droit repose chez toutes les nations civilisées.

Ce n'est pas malheureusement la seule occasion où nous ayons ainsi déshonoré et violé les décisions judiciaires par des aggravations de peines livrées à la discrétion d'un pouvoir occulte et irresponsable ; mais, pour me renfermer dans la question même de la librairie, je vois à son banc l'honorable M. Paul Dupont qui pourrait vous dire par expérience ce qu'il en coûte d'être à la merci de l'administration ; car il a été privé de son brevet en 1822. Combien d'autres ont été comme lui exposés à la ruine pour quelque acte de fermeté ou de courage ! Non, je ne puis admettre qu'en aucun cas un citoyen soit menacé dans sa liberté, sa propriété, ou dans l'exercice de son industrie, sans que la sentence qui le frappe ait été rendue avec toutes les formalités protectrices du droit. (Approbation à la gauche de l'orateur.)

Ainsi l'inconvénient est considérable ; je vais vous montrer à présent, comme je vous l'ai promis, que l'avantage est illusoire.

Je voudrais pouvoir vous dire que c'est l'opinion unanime des libraires, mais franchement je ne le pense pas. A Paris, le *Cercle de la librairie* demande avec instance la suppression des brevets : c'est très-important ; mais la librairie française, prise dans son ensemble, ne s'inquiète pas beaucoup de la question ; je l'y crois même indifférente. Voilà la vérité. Elle se trompe profondément. Avant d'entrer dans les détails, j'invoque le principe de la liberté du commerce. Je crois ce principe bon en droit et en fait ; par conséquent, je ne puis croire qu'il puisse, en aucun cas, être nuisible aux intérêts de l'industrie. Je déclare sans hésiter que le Gouvernement est de mon avis. Je ne comprendrais pas qu'il eût décrété la liberté du commerce sans adhérer fermement au principe dont cette liberté est la conséquence. Je ne m'expliquerais pas la série des actes d'un gouvernement qui tantôt proclamerait la liberté du commerce et tantôt en ferait bon marché.

M. FABRE. Je demande la parole.

M. JULES SIMON. Je comprends très-bien qu'on soit pour la liberté du commerce et je comprends aussi qu'on soit contre, mais je ne comprends pas qu'on soit tantôt pour et tantôt contre. Si vous pensez comme moi et comme le Gouvernement que le principe de la liberté du commerce est le vrai, vous devez penser que si la librairie regrette le régime de la protection, elle se trompe. Elle ne le regrette pas, mais elle ne le repousse pas. C'est se tromper encore, quoique d'une façon moins grave. Elle est précisément, de toutes les industries, celle qui devrait voir le plus clair dans la question, car il n'y en a pas d'autre où il soit aussi vrai de dire qu'en augmentant le nombre des vendeurs on augmente la vente ; non pas seulement, entendez-le bien, la vente totale, mais la vente individuelle. (Bruit.)

M. JULES SIMON. Il serait peut-être utile, Monsieur le président, de remettre la séance à demain. La Chambre est peut-être fatiguée !...

M. LE PRÉSIDENT ALFRED LE ROUX. L'orateur demande si la Chambre est fatiguée, et veut remettre la discussion à demain.

Je ne crois pas que telle soit son intention. Mais alors, je lui demanderai de vouloir bien écouter l'orateur, car le meilleur moyen de mettre un terme à cette fatigue, c'est d'écouter, et de vider la question sur un sujet qui a tant d'intérêt. (Oui! oui! — Écoutons!)

M. GARNIER-PAGÈS. C'est une question très-importante que l'abolition des brevets.

M. JULES SIMON. Je continue donc ma discussion, dans la

pensée que, puisque la Chambre veut que je parle, elle voudra aussi être attentive. (Parlez! parlez!)

Je dis qu'en librairie, quand on augmente le nombre des vendeurs, on augmente aussi la vente ; et non-seulement la vente totale, mais la vente individuelle. Ce qui m'importe surtout, c'est de prouver qu'on augmente la vente totale. La multiplication du nombre des livres est un intérêt de premier ordre, qui prime de plein droit tous les autres. Vous en êtes d'avis comme moi. S'il y a un point sur lequel nous n'ayons jamais été divisés, je le dis à l'honneur de la Chambre, c'est sur la nécessité de répandre l'instruction ; nous avons fait beaucoup de sacrifices, — nous n'en avons pas fait assez, selon moi, — afin d'atteindre ce but. Il y a entre nous tous une généreuse émulation pour faire pénétrer l'instruction dans les masses profondes du peuple. Or il y a pour cela deux moyens : l'un consiste à multiplier les professeurs, et l'autre à multiplier les livres. Faites bien attention que si vous multipliez les professeurs sans multiplier les livres, vous n'aurez, pour ainsi dire, rien fait. Je prends spécialement l'instruction primaire qui nous intéresse tous si grandement, d'abord parce que c'est un devoir de s'y intéresser et ensuite parce que c'est une nécessité politique dans un pays de suffrage universel.

Je suppose que vous ayez réussi à enseigner à lire à tous les enfants et que vous n'ajoutiez pas un seul livre à ceux qui circulent en France, vous avez perdu votre temps et vos peines. Il n'y a pas un homme ayant étudié la question qui ne sache que, si son enfant a appris à lire à dix ans, et que rentré dans son hameau, dans sa chaumière, il n'y trouve pas un seul livre, à quatorze ans il ne sait plus lire.

Quelques membres. C'est vrai! c'est très-vrai!

M. Jules Simon. M. le ministre de l'instruction publique

a constaté dans un de ses rapports, ce qui du reste a été établi par toutes les statistiques, que le nombre des conscrits, des accusés et des mariés sachant lire, est inférieur à celui des enfants qui fréquentent les écoles. Rien n'est plus facile que d'expliquer ce fait par l'absence du livre, c'est-à-dire de l'occasion de lire.

J'ai déjà fait une fois, à cette tribune, une remarque que je crois juste, c'est que cet écart entre la population scolaire et le nombre des jeunes gens lettrés est plus grand dans les pays catholiques que dans les pays protestants; et je l'attribue à l'usage, très-répandu chez les protestants, d'avoir au moins une bible dans chaque famille. Non-seulement les protestants ont une bible que tous les membres de la famille ont l'habitude de lire, mais ils portent au temple leurs livres de prières, tandis que dans les églises catholiques, on chante de mémoire des paroles latines. On ne peut guère contester ni ces faits, ni leurs conséquences. En tout cas, il est impossible de ne pas admettre que la création des écoles est une œuvre incomplète et avortée sans la multiplication et la diffusion des livres. Tous les efforts que vous faites en faveur des écoles seraient donc superflus, et les éloges que vous vous décernez avec une libéralité assez naturelle d'ailleurs, seraient fort mal justifiés si vous ne faisiez pas marcher du même pas la création des écoles et la fondation des bibliothèques.

Maintenant, comment multiplie-t-on les livres? Je réponds, sans hésiter, que c'est en multipliant les libraires.

Un membre à la gauche de l'orateur. C'est évident cela !

M. Jules Simon. Et j'espère que je vais vous le démontrer.

Messieurs, en 1867, il y avait à Paris 649 libraires, et, par parenthèse, ceux qui sont étrangers à cette question seront peut-être étonnés d'apprendre qu'outre les 649 libraires, il y avait à Paris 608 permissionnaires. Les permissionnaires ne sont pas des libraires étaleurs, pour lesquels une exception est consacrée dans la loi ; ce sont de véritables libraires qui n'ont pas de brevets, et à qui on permet de faire comme s'ils en avaient.

Je me demande pourquoi l'administration accorde des brevets à la première moitié de ces douze cents personnes et de simples permissions à l'autre moitié.

Ce n'est pas une question de capacité, comme on le disait tout à l'heure fort mal à propos en parlant des imprimeurs ; car, pour obtenir un brevet, il ne faut pas fournir d'autre preuve de capacité qu'un certificat signé de deux imprimeurs ou libraires, et ces certificats ne supposent pas même que l'impétrant sache l'orthographe. Je crains bien qu'en se montrant avare de brevets et en multipliant les permissions, l'administration, qui aime à tenir les gens à sa discrétion, n'ait d'autre motif que celui-ci : c'est que pour la perte d'un brevet, il faut avoir été l'objet d'une condamnation, tandis que les permissionnaires sont exposés à chaque instant à se voir arbitrairement retirer leur permission sans la garantie d'une décision judiciaire. Je dis cela en passant et je reviens à ma thèse.

Il y avait, disais-je, en 1867, à Paris, 649 libraires, et dans les départements 4,239. Cela fait, pour une population de 38 millions d'habitants, 5,000 libraires. Or, 5,000 libraires sont parfaitement suffisants, si vous regardez seulement à la production ; mais il faut voir deux choses dans la librairie : la production et la vente. Pour la production, 5,000 libraires sont suffisants ; ils peuvent produire autant de livres que la France peut en consommer. Donc, au point de vue de la production, 5,000 libraires suffiraient, d'autant plus que les auteurs ont toujours le droit d'être leurs éditeurs, de publier et de vendre eux-mêmes. Mais c'est au point de vue de la vente que le nombre de 5,000 est infiniment trop restreint.

Qu'est-ce que le livre? Le livre est-il un objet de première nécessité? Si nous parlions du pain, des autres aliments, de la boisson, on pourrait dire : la production et la vente sont mesurées sur les besoins de la vie; il y a là une règle infaillible qui s'impose d'elle-même au commerce. On peut presque en dire autant pour certaines denrées nécessaires à notre luxe et à notre plaisir, si ce n'est qu'elles dépendent des variations de la mode.

Ce n'est plus du tout cela pour le livre : le livre n'est pas un objet de nécessité, un objet de luxe. Il est un objet de nécessité pour vous et pour moi, qui savons, suivant la parole de l'Évangile, que l'homme ne vit pas seulement de pain, et que de même que notre corps a besoin d'être alimenté pour avoir du sang et des muscles, il faut que notre esprit soit alimenté pour avoir de l'énergie et de la puissance. (Très-bien! très-bien! à la gauche de l'orateur.)

Mais vous n'ignorez pas que ce besoin n'est senti qu'à mesure qu'on a commencé à en trouver la satisfaction. Celui qui n'a jamais tenu un livre est le plus malheureux des hommes, sans doute, mais il n'en sait rien. L'idée d'aller chercher un livre ne lui vient même pas. Ce n'est que quand il en a lu un qu'il devient capable d'en désirer un autre; mais dès que le besoin de la lecture s'est produit en lui, il va chaque jour en croissant, et plus il lira, plus il voudra lire. (Nouvelle approbation à la gauche de la tribune.)

Chaque fois que vous introduisez dans un hameau un livre, un seul, vous rendez possible la création d'une bibliothèque. Mais le premier livre est la grande difficulté ; ce n'est pas le second, ce n'est pas le centième.

Quand ces paysans, dont on nous parle quelquefois comme d'une population peu éclairée, auront commencé à lire, il faudra multiplier partout les presses ; mais, à présent, le livre n'est pas demandé, sa condition est de s'offrir. Voilà la vérité. Sur ce point, mille contradictions.

Et comment est-ce que le livre s'offre ? Il n'y a que deux manières d'offrir le livre : l'annonce et l'étalage. Demandez à un libraire en quoi consiste le placement d'un livre. Il vous répondra que ce placement n'est possible qu'à la condition de faire des annonces. Mais l'annonce est très-dispendieuse, et quand on se décide à une grande publicité, c'est qu'on calcule sur une vente très-considérable ; sans quoi les frais d'annonces absorberaient le rendement de l'édition. Ce n'est pas le seul inconvénient des annonces, en voici un autre. Qui est-ce qui lit les annonces ? D'abord tout le monde ne lit pas les journaux ; les paysans, dont nous parlions, ne les lisent jamais. Les lecteurs de journaux, à l'exception d'une classe toute spéciale, presque exclusivement composée de commerçants, ne lisent pas la quatrième page. Cela est si vrai que les auteurs préfèrent, en général, les annonces dites anglaises, annonces en petit texte, placées dans le corps du journal, à ces immenses annonces de la quatrième page, qui coûtent si cher. Ainsi les annonces sont à la fois très-coûteuses et peu efficaces, et dès qu'il s'agit, non du public lettré, mais de la foule, elles sont d'une inutilité absolue.

Je le répète ; pour un livre scientifique, pour les livres qui s'adressent aux curieux et aux délicats, on peut se contenter des annonces ; mais quand il s'agit de la masse des illettrés qu'il faut amener à la vie intellectuelle, qui n'ont pas un seul livre et à qui il faut en inspirer le goût, ce n'est pas une annonce qui produit cet effet, c'est l'étalage.

Je veux vous en donner une démonstration par les faits.

Il y a un certain nombre d'années, on a créé en France, à l'imitation de ce qui se faisait en Angleterre, une Bibliothèque des chemins de fer. Quand on a introduit pour la première fois dans les gares des armoires pleines de livres, les administrateurs s'y prêtaient de très-mauvaise grâce. Ils n'auraient pas fait plus de difficultés s'il s'était agi de vendre des joujoux. Ils croyaient à un avortement. Je me rappelle qu'ayant accompagné le fondateur de la Bibliothèque chez le directeur d'une grande compagnie, nous ne réussîmes à lui persuader que nous étions des gens sérieux qu'en lui apprenant qu'il s'agissait d'une mise de fonds de plus d'un million.

La suite a montré, en effet, que c'était une entreprise colossale, parce que ces mêmes Français qui, quand ils montaient en chemin de fer, n'avaient d'autre ressource que de fumer ou de dormir, trouvant à l'étalage des livres attrayants, qu'ils pouvaient feuilleter avant de les acheter, et un choix propre à satisfaire tous les goûts, ont pris l'habitude de lire en voyage ; il y en a même qui ne lisent que là. Croyez-vous que les livres vendus à la gare se seraient vendus chez le libraire de la ville ?

Erreur ! la vente du libraire est restée ce qu'elle était ; c'est l'acheteur qui a changé, ou plutôt, c'est l'acheteur qui s'est créé. La vente d'un livre est triplée quand il obtient la permission d'être vendu en chemin de fer. J'en ai fait l'expérience moi-même : un de mes livres, ayant obtenu l'estampille, s'est enlevé dans la journée à 1,500 exemplaires.

Voilà donc l'effet que produit l'étalage ; et ce qui ne manquera pas de vous toucher, — car non-seulement vous vous intéressez à la diffusion de l'enseignement, mais vous vous intéressez profondément aux populations de nos campagnes, dont vous êtes les tuteurs naturels. — Savez-vous, en 1860, combien il y avait de libraires ruraux en France ?

Le chiffre n'est pas flatteur ; je l'ai relevé dans l'*Annuaire de la librairie :* il y en avait en tout 165. Reprochez après cela à ceux de nos paysans qui ont appris à lire d'oublier leur science faute de lire ! La plupart d'entre eux ne connaissent que le bréviaire de leur curé, et ils ne le connaissent que de vue.

Ainsi, en 1860, il n'y avait que 165 communes rurales en France qui eussent leurs libraires ; dans toutes les autres communes, si quelqu'un avait l'idée d'acheter un livre, — mais qui donc en avait l'idée, et où l'aurait-il prise ? — si pourtant quelqu'un avait, par grand hasard, cette heureuse idée, il fallait qu'il s'abandonnât, pour le choix, à quelque renseignement incomplet ; qu'il écrivît à un libraire, — et à quel libraire ? — qu'il payât le port de sa lettre et le port du livre, ce qui par la poste est très-dispendieux, — car la poste ne transporte à bon marché que les ballots, — et le port de son argent : double dépense au moins, sans compter les embarras et le temps perdu à attendre. Mais non, en vérité, personne n'était exposé à tant de frais et de peines ; personne ne songeait à les affronter ; les plus grands clercs lisaient un journal vieux de deux ou trois jours, qu'on se passait de main en main, et les livres ne sortaient pas de la sous-préfecture. Voilà où nous en étions, que dis-je ? voilà où nous en sommes, et voilà comment les choses se passeront chez nous tant que la liberté n'existera pas. (Assentiment à la gauche de l'orateur.)

Par conséquent, si c'est sincèrement, comme je n'en doute pas, que le gouvernement veut propager l'instruction primaire, il voudra pour les mêmes raisons propager les livres, faire en sorte que les livres arrivent jusque dans les plus humbles communes de France, et pour cela il n'a d'autre moyen que de laisser au boulanger, à l'épicier, au petit marchand de village, au maître d'école, le droit, en payant patente, d'avoir sur une planche les livres appropriés à la commune qu'ils habitent.

Je voudrais que le goût de la lecture se répandît en France comme il est répandu en Angleterre. Il n'est personne de nous qui n'ait vu, en parcourant les campagnes anglaises, un berger suivant son troupeau un livre à la main et les lunettes sur le nez. (On rit.)

Il n'en est pas ainsi malheureusement en France, et le goût de la lecture ne s'y répandra jamais qu'à la suite des livres. C'est un goût qu'il faut provoquer et qui ne naît jamais spontanément.

J'ai trouvé..... — je vais faire l'éloge du Gouvernement (Ah! ah!) — c'est pour une fois, mais je ne demande qu'à recommencer s'il m'en fournit l'occasion. J'ai trouvé que le Gouvernement, en proposant la suppression des brevets de libraire, était conséquent soit à ses principes de liberté du commerce, soit aux efforts qu'il fait, je me plais à le reconnaître, pour répandre l'instruction parmi le peuple.

Si le Gouvernement a eu raison de proposer cette suppression, comme il n'y a aucune nécessité de joindre l'imprimerie à la librairie, comme il n'est pas question d'indemniser les libraires, comme il n'y a pas de doute possible sur l'utilité de la mesure, comme il est évident pour tous les hommes éclairés que, plus nous aurons de libraires, plus on achètera de livres, je vous demande de consentir à la chose la plus sage, à la suppression d'une barrière qui ne sert à personne, et vous n'attendrez pas trois mois pour voir les conséquences de votre bonne action. Aussitôt que tout commerçant pourra vendre des livres, la production va augmenter, la lecture va entrer dans les habitudes courantes. Croyez-moi, en l'absence de raisons quelconques pour ajourner, n'empêchez pas de se produire les livres qui ne demandent qu'à naître, et ne retenez pas plus longtemps dans une disette mortelle pour l'intelligence une multitude de Français et de Françaises qui ont besoin de lire et qui vous demandent de leur procurer la nourriture intellectuelle qui leur est nécessaire. (Très-bien ! sur divers bancs.)

Messieurs, il n'y a qu'une objection possible à la liberté de la librairie ; je sais très-bien qu'elle n'arrête pas le Gouvernement, puisque c'est lui qui, le premier, a proposé la suppression des brevets, et cela devrait rassurer les autres. Je veux parler de la propagation des livres dangereux ; non pas des livres dangereux au point de vue politique, je ne crois pas que vous deviez vous en préoccuper, mais des livres obscènes.

Où donc les saisirons-nous, dit-on, quand tout le monde pourra vendre ?

Certes, il n'y a personne ici qui puisse avoir plus d'horreur que moi pour les livres obscènes ; mais je réponds qu'il est déjà très-difficile de saisir des livres dans la position actuelle, à moins qu'on ne les saisisse à leur source, c'est-à-dire à l'imprimerie. L'imprimeur, en effet, étant obligé de faire une déclaration et un dépôt préalables, vous pouvez lui saisir ses livres sans trop de peine, tandis que quand ils ont été une fois livrés aux commerçants vous n'aboutissez guère, par les plus minutieuses recherches, qu'à des procès-verbaux de carence. Vous aurez beau fouiller la maison depuis la cave jusqu'au grenier, vous n'en découvrirez pas un seul. Quand on fait cet infâme commerce de spéculer sur les mauvaises passions, sur les honteuses habitudes, on n'emmagasine pas sa propre infamie. Le jour où les ballots arrivent de l'imprimerie, on les livre à qui ? aux colporteurs, c'est-à-dire à des hommes que vous surveillez, contre lesquels vous avez fait des lois sévères, mais qui n'ont, hélas ! que trop de facilités d'échapper à la surveillance et aux lois. Ce sont eux qui portent les obscénités de canton en canton et de commune en commune, et quand les maires s'aperçoivent que leurs localités en sont empoisonnées, il est trop tard pour la répression ; le colporteur est déjà loin et l'on ne sait plus où le retrouver.

Si, à la place de ce colporteur nomade, de cet homme dont on sait à peine le nom, qui va sans cesse de commune en commune et même de département en département, vous aviez des commerçants patentés, des négociants qui restent à poste fixe, qui sont connus de l'autorité municipale, vous pourriez toujours faire toutes les investigations que les mœurs exigeraient de vous. (Approbation sur divers bancs.) De sorte que ce qui paraissait tout d'abord une objection, quand on le regarde de près, devient, au contraire, un motif d'adopter l'amendement que je vous propose. (Nouvelle approbation sur les mêmes bancs.)

Telles sont, Messieurs, les observations que je voulais vous présenter. Vous voudrez bien me permettre de me venger un peu de la difficulté que j'ai eue à me faire entendre dans le commencement, en vous disant que si vous aviez bien voulu m'écouter dès l'abord, il y a très-longtemps déjà que j'aurais fini. (On rit.)

Je suis cependant obligé, précisément parce que je crains de n'avoir pas été entendu (Ah ! ah !), de résumer en trois mots toutes mes observations, et voici en quoi elles consistent :

1° Les raisons qui, dans certains esprits, paraissent incliner pour l'ajournement de la question en ce qui concerne l'imprimerie, raisons qui, pour moi, n'ont aucune valeur, ne peuvent être, à aucun point de vue, invoquées pour ce qui concerne la librairie......

Plusieurs membres. C'est vrai ! c'est vrai !

M. JULES SIMON. Non-seulement c'est vrai, mais c'est une vérité d'évidence.

2° Il n'y a aucun avantage pour les libraires à conserver leurs brevets, car après la suppression, ils vendront tout autant, si même ils ne vendent davantage.

3° Le vrai moyen de répandre les livres, c'est de laisser à tout le monde la facilité de les vendre ; pour faire arriver les livres jusqu'au fond des campagnes, il n'y a pas deux moyens, il n'y en a qu'un qui soit efficace, c'est la suppression des brevets des libraires.

Devant de pareilles raisons, je ne comprends pas l'attermoiement ; et si l'on fait une objection tirée des livres obscènes, je réponds immédiatement que la surveillance des marchands est plus facile que la surveillance des colporteurs. (Assentiment sur divers bancs.)

Voilà pourquoi je tiens si essentiellement à ce que la librairie soit, sur-le-champ, affranchie.

Je n'éprouve aucune difficulté à ajouter qu'une fois la librairie affranchie, il sera de plus en plus difficile de laisser subsister une barrière à la profession d'imprimeur ; et vous le savez, plus les barrières s'abaissent, plus je crois que le temps de la prospérité et de la justice s'approche.

Messieurs, c'est la dernière fois que je prendrai la parole dans la discussion de cette loi ; je ne puis m'empêcher de vous dire en finissant, qu'à mes yeux, il n'y avait que deux choses dans la loi qui pussent nous la faire supporter : l'une, c'est la suppression du régime arbitraire; l'autre, c'est la proclamation de la liberté du commerce des livres.

C'est en considération de ces deux articles, que l'un de nous a déclaré à la tribune qu'il nous serait peut-être possible de voter la loi. Si nous le faisons, c'est que nous sommes réduits à opter entre la loi de 1868 et la loi tyrannique de 1852. Nous ne pouvons choisir qu'entre deux maux. A Dieu ne plaise que ce vote soit une approbation de la loi de 1868. Mais plus la loi de 1868 est mauvaise, et plus notre vote sera une réprobation énergique de la loi funeste qui, pendant seize longues années, a entravé la propagation des idées et l'avenir intellectuel du pays. (Très-bien ! très-bien ! à la gauche de l'orateur.)

LA

LIBERTÉ DE L'IMPRIMERIE

AU POINT DE VUE DES INTÉRÊTS

DE L'INDUSTRIE TYPOGRAPHIQUE

PAR

M. Ernest HAMELIN

Directeur de l'Imprimerie Gras (de Montpellier)

———

BROCHURE PUBLIÉE A MONTPELLIER

EN 1867

La suppression du brevet, décidée dans les hautes sphères gouvernementales et soumise en ce moment à l'examen du Corps législatif, fait redouter pour l'Imprimerie française une crise dont on s'exagère probablement la gravité et la portée, mais dont l'imminence a mis en émoi les intérêts les plus légitimes et les plus respectables. Une industrie établie sur de certaines bases, vivant sous certaines conditions qu'elle considère comme protectrices, et organisée en vue de ces conditions, ne voit pas, en effet, sans trouble et sans appréhension, tomber les appuis sur lesquels elle est habituée à compter.

Aussi trois congrès d'imprimeurs se sont-ils successivement réunis à Paris et à Tours, pour conjurer, ou tout au moins pour atténuer le danger dont l'industrie typographique se croit menacée.

La question essentielle qui faisait l'objet de ces réunions a-t-elle été examinée avec tout le calme et toute la liberté d'esprit qu'elle réclame ? Nous ne le pensons pas : les intérêts directement engagés étaient sous le coup d'une excitation trop récente encore pour qu'on ait pu franchir le cercle étroit de l'accident immédiat, pour qu'on ait pu s'élever à cette hauteur de point de vue qui seule permet d'embrasser l'avenir avec quelque sûreté de coup d'œil; et, si des motifs que nous respectons, l'influence probable de quelques hautes notabilités typographiques, ont donné aux procès-verbaux un cachet de modération auquel nous nous plaisons à rendre hommage, il n'est douteux pour personne qu'ils n'ont pas traduit exactement la pensée dominante et presque unanime de ces assemblées.

Aussi, après bien des hésitations, nous sommes-nous décidé à exposer, sur l'importante question qui est en jeu, des idées de longue date enracinées chez nous, et qui, nées et développées en dehors des préoccupations actuelles, n'en ont reçu d'autre influence qu'un réveil énergique et un besoin d'expansion de plus en plus accusé. Nous ne nous dissimulons pas ce qu'il y a de téméraire dans notre tentative, et nous ne nous faisons aucune illusion sur ses chances actuelles de succès. Notre opinion fera probablement aujourd'hui peu de prosélytes parmi les hommes que nous désirerions le plus vivement convaincre; mais peu importe : si elle est vraie, tôt ou tard elle portera ses fruits.

La thèse que nous soutenons, c'est que, d'une manière générale, et abstraction faite d'un certain nombre de cas particuliers, l'Imprimerie a tout à gagner à rentrer dans le droit commun de l'industrie et à rompre avec le régime du privilége, qui est à nos yeux la cause la plus positive de l'état de malaise et, il faut dire le mot, de décadence, dans lequel elle est tombée en France, en province tout au moins; c'est, de plus, que la transition de l'état de choses actuel à celui de la libre concurrence sera loin d'avoir les effets désastreux que redoutent les esprits timorés. Notre travail sera donc divisé en trois parties principales : nous étudierons d'abord la situation de l'imprimerie telle que l'a faite la législation qui l'a régie jusqu'aujourd'hui ; nous examinerons ensuite les conséquences probables et définitives de son émancipation ; nous exposerons enfin les raisons qui nous portent à croire qu'aucune secousse violente, aucune perturbation grave, ne viendra marquer la transformation, toujours redoutée, des conditions économiques d'une grande industrie.

Nous avons cru devoir ajouter à ces considérations, toutes spéciales à l'Imprimerie, quelques pages pour limiter une question à laquelle on s'efforce de donner des proportions tout à fait exagérées : nous nous attachons à y démontrer, par le raisonnement et par les faits, qu'elle a un caractère purement et exclusivement économique, n'influençant en réalité, malgré les apparences contraires, ni la moralité, ni le régime gouvernemental, ni la constitution sociale d'une nation ; que les intérêts généraux de la société peuvent trouver une sauvegarde dans les mesures répressives, mais que la mesure préventive du brevet est d'une impuissance radicale à ce point de vue ; qu'en un mot, la Presse et l'Imprimerie représentent deux ordres de faits essentiellement distincts, et que, si la législation qui régit la première rentre évidemment dans le domaine de la politique, celle qui régit la seconde n'est rationnelle que tout autant qu'elle ne s'écarte pas des principes fondamentaux du droit industriel.

Voilà le thème que nous nous sommes proposé de développer : à défaut d'autre mérite, nous croyons y avoir mis tout au moins la plus complète indépendance de pensée, et, si la vivacité de la phrase y trahit peut-être souvent la vivacité de la conviction, nous ne pensons pas qu'on puisse nulle part y entrevoir un sentiment violent ou une préoccupation personnelle. Nous avons voulu faire « un livre de bonne foi »; s'il laisse cette impression au lecteur, nous aurons obtenu le résultat auquel nous tenons par-dessus tout, quel que soit d'ailleurs son jugement sur l'ensemble de notre travail.

Montpellier, juin 1867.

LA

LIBERTÉ DE L'IMPRIMERIE

AU POINT DE VUE DES INTÉRÊTS

DE L'INDUSTRIE TYPOGRAPHIQUE

~~~~~~~~~~

I

LE RÉGIME ACTUEL

La législation à laquelle est soumise aujourd'hui l'Imprimerie a son point de départ dans la loi du 21 octobre 1814 ; on ne se réfère plus aux décrets de l'époque impériale, qui ont édicté cependant les premiers le rétablissement du brevet, supprimé pendant toute la période comprise entre la promulgation de la Constitution de 1791 et le 1er janvier 1811.

Une réflexion, que l'étude des faits vient amplement corroborer, se présente immédiatement à l'esprit, à la lecture de cette loi de 1814 : c'est le manque absolu de garantie contre l'abus et la mauvaise répartition des brevets. A l'encontre de
~~~~~~~~~~

ce qui existe pour les offices ministériels, dont le nombre est réglementé d'après certaines bases qui assurent les titulaires contre toute chance imprévue de concurrence, l'Imprimerie est mise absolument à la discrétion de l'autorité supérieure, qui ne s'est imposé aucune entrave, aucune mesure (1). A son point de vue, cela se comprend : le mobile qui l'a guidée n'était pas l'intérêt de l'Imprimerie ; il est tout entier dans ces paroles de Napoléon au Conseil d'État : « L'Imprimerie est un état qui intéresse la politique ; dès lors, la politique doit en être juge. » La loi de 1814, comme les décrets du premier Empire, est donc purement et simplement une loi politique ; la protection de l'industrie typographique ne pouvait entrer et n'est entrée pour rien dans la pensée qui l'a dictée, et les gouvernements qui se sont succédé depuis soixante ans n'ont vu en elle qu'un bouclier contre les attaques de la presse, ou

(1) Le décret du 5 février 1810 porte bien : « Art. 3.—A dater du 1ᵉʳ janvier 1811, le nombre des imprimeurs *sera fixé*, et celui des imprimeurs de Paris réduit à soixante » (le décret du 11 février 1811 a élevé ce nombre à quatre-vingts); mais cet article n'a été appliqué qu'à Paris. Il présentait pour la province des difficultés telles, qu'on a dû renoncer dès le principe à une mesure uniforme. Nous avons feuilleté, dans tous les Recueils administratifs, la partie relative à cette époque sans pouvoir trouver un seul document qui pût nous éclairer sur la marche que l'on avait suivie. Nous avons dû recourir à nos archives départementales, obligeamment mises à notre disposition, et parcourir toute la correspondance échangée à ce sujet ; il est résulté de nos recherches que, après de nombreux tiraillements, on s'était décidé, pour l'Hérault, à régulariser purement et simplement la position des imprimeurs existants. Une seule exception a été faite, au détriment d'un de ceux-là mêmes dont le maintien avait été, dès le principe, nettement arrêté; mais cette exception a eu une cause essentiellement politique. La Restauration a rétabli l'imprimerie de cet honorable typographe, que ses fils ont dignement continuée jusqu'à nos jours. — Il est probable que les choses se sont passées d'une manière analogue dans les autres départements.

L'ordonnance royale du 24 octobre 1814 porte également : « Art. 1ᵉʳ. — Les brevets d'imprimeur et de libraire délivrés jusqu'à ce jour sont confirmés; les conditions auxquelles il en sera délivré à l'avenir seront déterminées par un nouveau règlement. » Mais ce règlement n'a jamais paru.

En fait, l'Administration ne s'est jamais crue liée par des dispositions ainsi restées à l'état de projet et a constamment passé outre : c'est là le point important.

une arme à mettre aux mains de leurs partisans. Il est tout simple, dès lors, qu'ils ne s'en soient servis que dans le but de se garantir ou de répandre les principes qu'ils représentaient.

Nous n'avons pas à examiner ici s'ils ont eu raison ou tort ; nous n'avons à envisager que le côté économique de la question, qu'à constater que, l'intérêt plus ou moins bien entendu des divers régimes politiques qui ont passé sur la France ayant, au moins pour la plus grande part, déterminé les octrois de brevet, cet intérêt a pu et a dû souvent se trouver en opposition avec celui de l'industrie soumise à un système aussi arbitraire.

En résumé, le pouvoir discrétionnaire, absolu de l'État, de conférer des brevets à qui il veut, où il veut, et dans la mesure qu'il veut, c'est-à-dire de fonder en réalité, au seul gré de ses convenances, pour des besoins ou des intérêts parfois accidentels, des établissements qui presque toujours persistent lors même qu'ils n'ont plus leur raison d'être, — nous en expliquerons plus loin la cause, — voilà le régime sous lequel vit, disons plutôt sous lequel végète l'Imprimerie française. Si l'on considère, de plus, que la lourde responsabilité imposée à l'imprimeur a pour corollaire une pénalité monstrueuse, non-seulement parce qu'elle est excessive, mais encore parce qu'elle est arbitrairement prononcée par l'administration, sans jugement et sans appel, le retrait du brevet, que peut entraîner la plus légère contravention (1), — en sorte que la possession d'une imprimerie n'est jamais qu'une propriété précaire, à la merci de la distraction d'un metteur en page oubliant de placer au bas d'un journal le nom et l'adresse exigés par la loi ; — si l'on considère encore que le brevet fixe le titulaire à la résidence pour laquelle il est

____

(1) Loi du 21 octobre 1814, art. 12 : « Le brevet pourra être retiré à tout imprimeur ou libraire qui aura été convaincu, par un jugement, de contravention aux lois et règlements. »

délivré, qu'il entrave ainsi des déplacements auxquels on se résigne difficilement déjà dans les professions les plus libres, on se demande comment peut se maintenir et se développer une industrie placée dans des conditions aussi anormales, ainsi gênée dans ses mouvements les plus simples, ainsi soumise en détail aux perturbations les plus subites, venant s'ajouter aux crises inévitables et naturelles dont, comme les autres, elle subit les atteintes.

Nous doutons qu'on trouve, dans l'histoire du travail, un autre exemple d'un monopole constitué d'une façon aussi illogique. On comprend les anciennes corporations, on comprend la vénalité des offices ministériels et la législation qui les régit, on comprend les garanties exigées pour l'exercice de certaines professions, de la pharmacie notamment : tout cela découle d'un principe dont on peut contester la justice et l'équité, mais qui produit des conséquences rationnelles, en harmonie avec la source d'où elles émanent. Mais un privilége qui enlève toute sécurité à la propriété et qui ne donne pas de garantie contre la concurrence, tout en détruisant la liberté d'action, l'équilibre naturel de forces qui font de la concurrence le grand moteur et le régulateur souverain du travail moderne; un privilége qui produit les inconvénients sans donner les avantages, n'est-ce pas le faux et l'absurde à la suprême puissance ?

Si du point de vue théorique nous descendons à l'étude des faits, nous heurtons à chaque pas des conséquences qui viennent amplement confirmer nos prémisses.

Qu'on veuille bien se reporter à l'époque qui a suivi immédiatement la promulgation des décrets de 1810 et de 1811. Les imprimeries n'étaient pas nombreuses alors; il y en avait, il est vrai, une certaine quantité dans les chefs-lieux de département, dans les grands centres, où la propagande de la période révolutionnaire en avait provoqué l'établissement; mais la très-grande généralité des villes de troisième et de quatrième ordre en était dépourvue. D'un autre côté, les capitaux nécessaires pour installer et entretenir un atelier étaient des plus minimes : on s'établissait avec quelques quintaux de caractères et une ou deux presses de bois ; les maisons de province occupant quatre ou cinq presses étaient bien rares, et le décret du 5 février 1810, reproduisant une disposition des anciens édits royaux, contient cette curieuse indication :

« Art. 6. — Les imprimeurs seront tenus d'avoir à Paris *quatre* presses, et dans les départements *deux*. »

Quatre presses de bois, moins que l'équivalent d'une petite machine en blanc comme on en rencontre aujourd'hui dans des chefs-lieux de canton, voilà ce qui, en 1810, paraissait suffisant pour constituer une imprimerie digne de la capitale de l'Empire français !

On comprend que, dans ces conditions, quelque restreint que fût alors le nombre des imprimés, les titulaires de brevet, maîtres d'un marché relativement étendu, généralement instruits et dirigeant personnellement leur maison dans tous ses détails, n'ayant qu'un faible capital engagé et des frais généraux insignifiants, réalisassent d'importants bénéfices.

La Restauration ne fit qu'améliorer cet état de choses ; elle n'accorda pas de nombreux brevets, l'outillage ne fut pas sensiblement modifié (1), et l'impulsion donnée aux idées dans tous les sens dut avoir pour effet de développer les établissements existants et d'en accroître la prospérité. L'annonce suivante, que nous avons trouvée dans le numéro du 30 septembre 1820 de la *Bibliographie de France*, prouve qu'à cette époque encore l'Imprimerie n'était pas entrée dans la voie de

---

(1) Nous sommes loin de nier l'importance des améliorations apportées dès cette époque au matériel typographique : l'introduction de la presse Stanhope et de la stéréotypie au plâtre, notamment, qui datent de 1818, ont fait certainement faire un grand pas à l'art ; mais nous n'avons à envisager que les conséquences économiques, qui ont été peu importantes à Paris et nulles en province.

la grande industrie, et qu'à Paris même des maisons importantes ne possédaient qu'un matériel inférieur à celui qu'ont aujourd'hui bon nombre de maisons de province d'un rang secondaire :

« A vendre, à Paris, une *très-belle* imprimerie, occupant
« continuellement *dix presses*, dont une partie sur des
« ouvrages d'administration attachés à l'établissement, et
« d'un bon produit. »

Avec la Restauration finit la période de prospérité de l'Imprimerie brevetée. Voici venir 1830. La bourgeoisie libérale, dans toute la force alors d'une virilité sitôt éteinte, excitée par la lutte et par la victoire, met une ardeur inouïe à propager sous toutes les formes les idées qu'elle vient de faire triompher; elle emploie à la poursuite de son but tous les moyens dont peut disposer un parti riche, instruit et maître du pouvoir. Au premier rang de ces moyens est la publicité. Des journaux surgissent de toute part : politique, littérature, arts, sciences, industrie, agriculture et commerce, toutes les branches de l'activité humaine ont leurs organes, qui se multiplient jusque sur les points les plus reculés du territoire. En dépit de ses tendances ultra-centralisatrices, cette époque a fondé la presse départementale. C'est là, incontestablement, le plus grand mouvement intellectuel qu'on ait vu depuis le commencement du siècle; moins profond peut-être que celui qui a signalé la Restauration, il avait en revanche une bien autre étendue : c'était comme l'épanouissement, l'irradiation du travail plus concentré de la période précédente.

La conséquence inévitable de cet élan général de la pensée a été la multiplication à l'infini des établissements typographiques. Autant la Restauration s'était montrée sobre d'octrois de brevet, autant le gouvernement de Juillet s'en montra prodigue. Pour peu qu'un homme fût appuyé par un personnage politique, et qu'il n'eût pas à lutter contre quelque individualité influente du corps typographique — ce qui arrivait, il est vrai, quelquefois — il était toujours sûr, avec un peu de patience, d'obtenir un privilége d'imprimeur. Et, comme les besoins de la consommation étaient devenus réels, les demandes affluaient, affluaient au point d'avoir rapidement dépassé la limite à laquelle elles auraient dû s'arrêter. Les plus petites localités se trouvèrent pourvues, les grandes regorgèrent. Le nombre des imprimeurs de province, qui n'était que de 585 en 1825, s'élevait à 916 dès 1843.

Mais cet accroissement de quantité n'offre qu'un côté, le côté le moins important, de la question qui nous occupe : il faut en envisager une face autrement sérieuse, l'accroissement de puissance productrice.

Parallèlement au mouvement d'expansion dont nous venons de parler, se produit une transformation radicale dans l'outillage : la presse mécanique vient de naître, appelant fatalement, en quelque sorte, le concours de la vapeur (1). D'abord affecté seulement à l'impression des journaux et de quelques travaux grossiers, le nouvel engin s'améliore progressivement et arrive à un degré de perfection tel, qu'il devient, entre les mains d'ouvriers habiles, capable d'exécuter les tirages les plus luxueux, d'imprimer la gravure même avec une délica-

(1) On sait que la première presse mécanique a été construite en Angleterre, pour l'impression du *Times*, en 1811 ; dès 1823, on importait d'Angleterre en France une machine destinée au *Magasin pittoresque*; mais ce n'est qu'après 1830 que l'usage s'en est généralisé à Paris et a commencé à s'étendre à la province. La première machine typographique de fabrication française (celle de M. Gaveaux) n'a paru qu'en 1827, et à l'Exposition de l'industrie de 1834 ne figurait pas encore la moindre impression mécanique. Un typographe des plus recommandables, auquel nous empruntons en partie ces détails, M. Frey, auteur du *Manuel de typographie* de la collection Roret, écrivait en 1835 les lignes suivantes : « La presse mécanique à imprimer ne fera jamais *bien* si l'on inter-
« prête ce mot par le *beau*... Elle s'est appropriée à bon droit le tirage des jour-
« naux, ainsi que ceux qui, par leur but particulier, doivent être livrés à bas
« prix... ; mais là s'arrêtent ses droits : le bon courant, le beau, le luxe, sont
« du domaine de son aînée, la presse manuelle, dont elle est le DIMINUTIF. »
Cette opinion si formelle, longuement et fortement motivée par un praticien consommé, avait sa raison d'être en présence des machines alors existantes; mais elle a longtemps fait loi et était encore dominante, il y a quinze ans, dans les imprimeries de province.

tesse et un fini qui ne le cèdent pas aux presses à bras les mieux manœuvrées (1).

Paris d'abord, quelques grandes maisons de province ensuite, s'emparent de ce puissant instrument de travail, s'organisent sur une échelle inconnue jusqu'alors, révolutionnent en un mot, de fond en comble, les conditions économiques d'une profession qui avait conservé jusque-là les calmes et patriarcales allures de la vieille école industrielle.

Mais peu importe de pouvoir produire beaucoup, si la matière de la production manque; il faut à tout prix un aliment à ces colossales usines, qui ne peuvent chômer sous peine de mort. Sans doute, après le moment de crise occasionné par la nouvelle révolution, la Librairie prend un essor inouï : l'instruction se propage, et les masses commencent à lire; le système des publications par livraisons, des *pittoresques*, comme on les appelait alors, secondé par les remarquables perfectionnements apportés à la gravure sur bois, crée en quelque sorte une nouvelle forme du livre, devenue rapidement populaire; M. Charpentier et de nombreux imitateurs mettent à la portée des fortunes les plus modestes tous les chefs-d'œuvre littéraires; M. Mame couvre la France de ses charmantes éditions liturgiques et classiques ; MM. Delalain, Didot, Hachette, pour ne citer que les plus marquants et les plus connus, se font, en quelque sorte, les apôtres de l'instruction publique, en répandant à profusion des livres aussi excellents par le fond qu'irréprochables par la forme : — sans doute, la consommation, provoquée de tout côté par la diffusion des lumières et le bon marché, augmente dans des proportions considérables; mais la production la devance encore, et l'immense mouvement d'affaires de la Librairie parisienne ne suffit pas à l'alimenter.

(1) La magnifique *Bible* de Gustave Doré, le plus splendide travail qui soit sorti des ateliers du premier imprimeur de France, M. Mame, a été entièrement tirée sur presse mécanique.

Elle s'adresse alors à l'une des sources les plus importantes du travail typographique en France, aux administrations publiques. Placés au centre de cette immense machine gouvernementale qu'on appelle la centralisation, quelques grands imprimeurs parisiens mettent tout en œuvre pour la faire fonctionner à leur profit. En rapports personnels avec les employés supérieurs des ministères, ils collectionnent toutes les formules en usage, et, par des tirages énormes, exécutés pour la France entière et placés par leurs voyageurs d'abord, plus tard même par des agents qu'ils salarient dans toutes les préfectures, ils mettent l'Imprimerie départementale, alors réduite encore à ses presses à bras et trop limitée dans ses tirages, dans l'impossibilité de lutter contre eux (1).

Pour comble de désastre, l'Imprimerie impériale, qui s'était contentée jusque-là d'exécuter les formules-types des imprimés destinés à la province, se met elle-même à faire des tirages pour la plupart des administrations.

Une autre cause de concentration du travail à Paris ne tarde pas à se manifester. Les communications deviennent de plus en plus rapides et faciles : les messageries d'abord, les premiers chemins de fer ensuite, commencent à provoquer ces habitudes de déplacement qui ont fini par entrer si complétement dans nos mœurs. Il y avait et il y a encore en pro-

(1) Nous nous contentons de constater le fait, car nous ne voulons pas sortir de notre sujet; la question a d'ailleurs été posée récemment, dans une réunion d'imprimeurs à Paris, par une voix plus autorisée que la nôtre. Qu'il nous soit permis de dire cependant que nous avons la certitude que la lutte serait aujourd'hui possible pour l'imprimerie départementale (elle s'est déjà établie sur certains points), si les habitudes prises, une tradition bureaucratique aujourd'hui invétérée, ne s'opposaient pas à ce qu'elle s'engage sur toute la ligne; si surtout l'autorité supérieure daignait examiner de près cette question des impressions administratives, accaparées (c'est le mot, car le principe de la libre concurrence est ici hors de cause) par deux ou trois grandes maisons et par l'Imprimerie impériale, sans profit pour l'État. L'imprimerie de province, qui s'est trop émue de la suppression du brevet et pas assez de cet état de choses, ne retrouvera quelque vitalité que lorsqu'il aura cessé.

vince des hommes distingués qui écrivent ; le personnel des
facultés et de la magistrature, notamment, renferme toujours quelques individualités connues, qui publient de temps
à autre le fruit de leurs travaux. Or ces auteurs, qui jadis
faisaient imprimer leurs œuvres sous leurs yeux, mis en contact plus fréquent avec les libraires parisiens, ont trouvé tout
avantage à se faire éditer par ceux-ci, qui naturellement se
sont adressés à leurs imprimeurs habituels (1). A de très-rares
exceptions près, on peut dire qu'on n'imprime plus en province que les livres qui ne se vendent pas, et qui s'exécutent
conséquemment dans les conditions les moins lucratives, à
raison de l'insignifiance des tirages (2).

Mais ce n'est pas tout : une nouvelle invention, qui jusqu'alors n'avait guère pu s'acclimater en France, y prend
soudain une extension énorme et concourt à aggraver encore
une position déjà si compromise. Des lithographies se fondent
de toutes parts, enlevant à l'imprimerie typographique tous
les travaux industriels et commerciaux. L'engouement du public pour ce nouveau mode d'impression, engouement justifié
du reste par le talent des premiers lithographes, est tellement
général, que la Typographie, malgré la supériorité économi-

(1) On nous objectera peut-être que les éditeurs parisiens font aujourd'hui
beaucoup imprimer en province. Sans doute, il y a dans un rayon assez étendu
autour de la capitale plusieurs établissements organisés en vue de la clientèle
parisienne, mais cela ne modifie en rien la situation que nous exposons ; cela ne
fait pas que les livres s'impriment là où ils s'écrivent, répartissant ainsi un certain
courant de travail sur tous les points du pays. Peu importe aux imprimeurs de
Toulouse ou de Montpellier que les livres dont l'exécution leur aurait jadis été
confiée se fassent à Corbeil ou à Lagny, au lieu de se faire à Paris même :
l'absorption parisienne n'en a pas moins accompli son œuvre. Nous ne voulons
pas exagérer l'importance du fait, encore moins l'incriminer (nous respectons
par-dessus tout la liberté des transactions) ; mais enfin il existe, et nous devons
le constater.

(2) Voici un fait tristement significatif que nous avons relevé dans l'intéressant ouvrage de M. Verdet, l'*Histoire du livre* : d'après les statistiques offi-
cielles de 1851, sur 1007 imprimeries existant alors en France, 862 n'avaient
produit aucun labeur de librairie !

que de ses procédés, n'essaye même pas d'engager la lutte : elle abandonne complétement toute une catégorie de travaux qui n'avait pas alors, il est vrai, l'importance qu'elle a acquise depuis, mais enfin qu'elle faisait et qu'elle ne fait plus, et qui, dès 1855, défrayait en France 3,525 presses lithographiques, occupées dans 1,555 établissements (1), dont pas un n'existait il y a cinquante ans.

En résumé, la période de 1830 à 1848, tout en élargissant dans des proportions énormes le champ de la consommation, a placé l'Imprimerie française en général, mais surtout l'Imprimerie départementale, dans une situation des plus difficiles, par quatre causes différentes : 1° l'augmentation exagérée du nombre des établissements ; 2° le décuplement de la puissance productrice ; 3° la concentration à Paris de presque tous les travaux à longs tirages ; 4° la concurrence d'une industrie nouvelle, arrivée rapidement à son plus haut point de développement et souffrant déjà depuis longtemps, elle-même, de l'excessive extension qu'elle a prise.

Et un fait qu'il ne faut pas perdre de vue, c'est que l'Imprimerie parisienne n'a pas généralement profité du tort qu'elle a fait à la province ; ses plaintes sont unanimes, et nous trouvons dans l'*Essai sur la Typographie* de M. A.-F. Didot, si plein de faits intéressants, la mention d'un document qui donne en quelque sorte le bilan de la situation de cette belle industrie dans la capitale, sous le gouvernement de Juillet. C'est une pétition adressée par la Chambre des imprimeurs, en janvier 1847, au Ministre de l'intérieur, et dans laquelle on lit ce qui suit :

« De 1810 à 1830, *une seule* faillite d'imprimeur ; de 1830 « à la fin de 1843, *quarante-sept* faillites, avec un passif de

(1) Rapport sur l'exposition universelle de 1855, cité dans l'article *Gravures et Estampes* du *Dictionnaire du commerce et de la navigation*. (Paris, Guillaumin, 1850-61.)

« sept millions, figurent au greffe du tribunal de commerce ;
« *un nombre au moins égal* d'autres établissements d'im-
« primerie ont liquidé sans l'intervention de la justice
« consulaire, et d'une façon plus ou moins honorable, plus
« ou moins funeste à leurs intérêts et à ceux de leurs créan-
« ciers. »

Cela n'a rien d'étonnant : c'est la conséquence forcée de la
loi naturelle de l'offre et de la demande, le résultat inévitable
de ce fait que, si la consommation s'est accrue dans la proportion de 1 à 3, par exemple, l'accroissement des moyens
de production a atteint celle de 1 à 5. Les imprimeurs parisiens, qui font surtout des livres, sont complétement à la
merci des éditeurs — qui font, eux, de grandes fortunes —
et les seuls qui soient en pleine prospérité sont, à de rares
exceptions près, ceux qui ont fait pour leur compte des spéculations heureuses en librairie, ou qui ont organisé la vente
directe à la clientèle administrative de ces myriades de formules nécessaires à notre centralisation bureaucratique.

Telle était la situation lorsque éclata la révolution de Février.
La question de la suppression du brevet se posait pour ainsi
dire d'elle-même ; les imprimeurs, aussi alarmés qu'en 1867,
se préoccupèrent dès les premiers jours d'une éventualité
qu'ils redoutent par-dessus tout. Le 20 novembre 1848, un congrès fut réuni à Tours, comme cette année, pour aviser aux
mesures à prendre ; mais le courant politique était dès lors
changé et les appréhensions tombées. Deux propositions dans
le sens de la liberté de l'Imprimerie, faites aux Assemblées
nationales en 1848 et 1850, n'avaient pas eu de suite ; la dernière avait été ajournée comme inopportune. Le brevet était
donc resté. Pendant quelque temps, il y eut un arrêt dans
l'accroissement du nombre des imprimeries ; mais, depuis
quelques années, le Gouvernement actuel, préludant ainsi à
la réforme radicale qui soulève tant de tempêtes, se montre

d'un libéralisme extrême dans la dispensation des priviléges d'imprimeur : depuis 1864, il n'y a pas eu moins de trente créations nouvelles.

Ici encore, il faut mettre en deuxième ligne la question de quantité ; voici une nouvelle et importante modification dans l'outillage qui se produit, et qui vient porter au comble cette exubérance de force productrice qui écrasait déjà la Typographie.

Jusqu'alors, les presses mécaniques étaient des engins très-coûteux, difficiles à conduire, exigeant un emplacement considérable, avantageux seulement pour les longs tirages : ils étaient, en un mot, abordables seulement pour les maisons de premier ordre, et très-rares en province, où ils n'étaient guère employés que pour quelques journaux.

Mais voici que l'invention des machines en blanc (1) vient changer la face des choses : pour un prix double d'une Stanhope, on peut se procurer une petite mécanique d'une simplicité extrême, ne demandant guère que le personnel et la place d'une presse à bras, faisant aussi économiquement qu'elle les plus faibles tirages et présentant un avantage énorme pour ceux d'une certaine importance. La pauvre province va pouvoir lutter contre la concurrence écrasante des Parisiens, et remédier à la disette de bras qui commence à se faire sentir d'une manière alarmante, car les ouvriers pressiers disparaissent et l'on ne peut en former de nouveaux. Une fois l'impulsion donnée, l'élan se généralise avec un entrain prodigieux : les constructeurs ne suffisent pas aux demandes ; les maisons les plus modestes, des imprimeries perdues dans des bourgades de quelques milliers d'âmes, veulent avoir leur méca-

______

(1) On nomme ainsi les mécaniques qui n'impriment la feuille que d'un seul côté, et qui nécessitent conséquemment un second tirage pour l'impression du verso. Les machines à *rétiration*, au contraire, n'abandonnent la feuille qu'après l'avoir imprimée des deux côtés. Nous croyons devoir donner ces indications pour les personnes étrangères à la typographie.

nique. Et elles ont raison, car toute lutte devient impossible pour celles qui restent en arrière.

Un des plus renommés constructeurs mécaniciens de Paris, M. Marinoni, vient de publier (mars 1867) une liste des acquéreurs de ses machines depuis quinze ans ; nous y avons relevé les quantités qu'il a livrées à des imprimeurs français. Sait-on à combien elles s'élèvent ? A *sept cents !* Oui, 700 mécaniques ont été fournies par une seule maison, pendant ces quinze dernières années, à un personnel de 1073 imprimeurs (1).

Que l'on considère que, avant cette période de quinze ans, Paris et quelques grandes maisons de province étaient déjà pourvus de machines, et de machines à retiration ; que, d'un autre côté, M. Marinoni n'est pas le seul constructeur de mécaniques typographiques, qu'il a cinq ou six concurrents qui sont tous des industriels notables ; qu'enfin le traité de commerce a amené l'introduction en France d'un certain nombre de machines étrangères (2), et que l'on se figure ce que peut être cet immense arsenal typographique, si on le compare surtout à ce qu'il était il y a quarante ans, alors qu'on était en province une forte maison avec trois ou quatre presses de bois constamment roulantes. Que l'on se figure dans quelles proportions immenses aurait dû grandir la consommation, pour se trouver en équilibre normal avec un aussi prodigieux accroissement des moyens de production.

Si une statistique comparative exacte était possible, elle suffirait certainement pour juger le procès. Nous allons essayer cependant d'en établir une sur le point que l'on considère comme le plus important de tous, la fabrication des livres. Sous le titre de *Notions statistiques sur la Librairie, pour ser-*

---

(1) Journal l'*Imprimerie*, mars 1867.

(2) Non pas toutefois sans réciprocité. La liste dont nous parlons arrive au total de 1,600 machines : c'est donc 800 d'entre elles que M. Marinoni a vendues à l'étranger dans cette même période de quinze ans. C'est un chiffre assez respectable, et qui prouve une fois de plus combien nos mécaniciens avaient peu à redouter les effets de la liberté commerciale.

vir à la discussion des lois sur la presse (Paris, F. Didot), le comte Daru a publié, en 1827, un mémoire qui donne les renseignements les plus circonstanciés sur la situation de l'Imprimerie en 1825 ; nous les mettrons en regard de ceux que nous possédons sur l'époque actuelle, et de cette comparaison résultera toujours un aperçu instructif.

Commençons par la production :

Il y avait en France, en 1825, 665 imprimeurs typographes, dont 80 à Paris et 585 dans les départements. Il y en a aujourd'hui 1,073, dont 89 dans le département de la Seine, et 984 dans le reste de l'Empire.

Le nombre des imprimeurs lithographes n'était, en 1825, que de 57, dont 30 à Paris ; comme nous l'avons dit plus haut, il était, en 1855, de 1,555, dont 367 à Paris en (1860) (1).

Il n'y avait en France, en 1825, que 1,550 presses typographiques, dont 850 à Paris (y compris celles de l'Imprimerie royale, au nombre d'environ 80), et à peu près 700 dans les départements. En 1860, il y avait à Paris 339 presses mécaniques et 417 presses à bras ; de plus, 57 machines à vapeur, d'une force totale de 323 chevaux (2). Quant à la province, les chiffres exacts nous manquent ; mais la liste de M. Marinoni nous fournit un élément d'évaluation qui nous permet de porter, sans être taxé d'exagération, à 1.200 le nombre des mécaniques fonctionnant en province (3). Comme, de plus,

(1) *Imprimerie*, novembre 1860, Statistique de l'imprimerie parisienne. *L'Annuaire de la librairie*, pour 1867, porte aujourd'hui à 390 le nombre des lithographes parisiens.

(2) *Imprimerie*, loc. cit.

(3) Voici les raisons qui nous ont déterminé à fixer ce chiffre à 1.200. Sur les 701 machines fournies par M. Marinoni à des imprimeries françaises, 122 ont été livrées à des imprimeurs parisiens, ce qui réduit à 579 le nombre de celles qui reviennent à la province. Il convient même d'abaisser ce nombre à 500, à raison du moteur inventé par M. Marinoni, il y a trois ans, moteur déjà répandu dans un assez grand nombre d'imprimeries (mais non pas seulement dans les imprimeries), et qui paraît être compris dans le relevé de ce constructeur.

chaque imprimerie possède au moins une presse à bras, on peut en évaluer la quantité à un millier, au minimum, pour les 984 imprimeries de province. Le matériel d'impression s'élèverait donc aujourd'hui en total, d'après ces données, à 1,539 presses mécaniques et à 1,417 presses à bras, tandis qu'il n'était, en 1825, que de 1,550 presses manuelles, et qu'il n'y avait en France qu'une seule mécanique, celle du *Magasin pittoresque.*

Pour avoir une idée bien nette de cet écart, il convient de réduire en quelque sorte à un dénominateur commun des instruments d'une puissance aussi inégale que les mécaniques et les presses manuelles : pour cela, nous prendrons le maximum de production de chacun de ces engins pendant une journée de dix heures. Pour les presses à bras, ce maximum est de 2,000 de tirage, soit 1,000 feuilles imprimées recto et verso. Quant aux mécaniques, on peut les diviser en trois catégories : les presses en blanc, donnant un maximum de 1,000 à l'heure, la feuille imprimée d'un seul côté ; les presses à retiration, donnant en moyenne le même nombre, mais avec impression des deux côtés ; enfin les machines à réaction, employées surtout pour les feuilles quotidiennes, et fournissant de 4 à 6,000 journaux à l'heure, selon qu'elles sont à deux

D'un autre côté, l'*Imprimerie* du mois d'avril 1866 donne un état des presses construites à Paris en 1865 : cet état, rectifié dans le numéro suivant en ce qui concerne M. Voirin, et qui ne donne pas le chiffre des machines sorties des ateliers de M. Dutartre, un de nos plus habiles mécaniciens, mentionne 280 machines typographiques, dont 132 construites par M. Marinoni et 148 par ses concurrents. En prenant cette proportion pour base, les constructeurs autres que M. Marinoni auraient fourni à la province, dans ces quinze dernières années, 566 machines contre 500 sorties de ses ateliers (132 : 560 : : 148 : 560). L'écart de 140 qui existe pour arriver à 1,200 représente les mécaniques installées avant 1852 et celles qui ont été importées de l'étranger (la maison Kœnig et Bauer, de Wurtzbourg, a placé à elle seule, dans les départements français, 24 de ses machines). Qu'on songe, d'ailleurs, que, sur près de 1,000 imprimeurs qui existent en province, il en est aujourd'hui très-peu qui n'aient pas au moins une mécanique, et que beaucoup en ont plusieurs, et l'on sera convaincu que, si notre évaluation est fautive, ce doit être plutôt par insuffisance que par excès.

ou quatre cylindres. On doit tenir compte aussi que bon nombre de presses en blanc ont le format double carré, double raisin et même double jésus, ce qui permet de tirer ces papiers dans des conditions aussi avantageuses que sur les presses à retiration.

Ces dernières sont à peu près exclusivement employées dans les imprimeries à *labeurs* (1); nous les prendrons comme types de la production parisienne, tandis que nous prendrons, au contraire, la machine en blanc comme type de la production départementale. Nous ferons ensuite l'évaluation la plus modérée possible de la plus-value donnée par les presses à double format et les presses à réaction.

D'après ces bases, nous établirons comme suit le maximum de production que pourrait atteindre aujourd'hui la Typographie française en une journée de travail (2) :

PARIS

	Feuilles.
330 presses à retiration, à 10,000 feuilles chacune..	3,300,000
Plus-value donnée par les presses à réaction (3)....	550,000
417 presses à bras, à 1,000 feuilles chacune........	417,000
Total pour Paris......	4,357,000

(1) On donne ce nom aux travaux affectant plus ou moins la forme du livre, par opposition aux *ouvrages de ville*, qui comprennent la généralité des travaux administratifs et commerciaux.

(2) Il va sans dire que nous ne tenons aucun compte, ni pour les machines, ni pour les presses à bras, des pertes de temps de toute nature, ni surtout des mises en train; il serait impossible d'évaluer sérieusement un élément aussi variable. Nous avons préféré exagérer des deux côtés le chiffre de la production possible, cette exagération portant sur une quantité identique dans les deux cas et n'altérant en rien le rapport que nous tenons à établir.

(3) Ce chiffre représente le tirage total des journaux politiques quotidiens existant à Paris en 1866, tel qu'il résulte des documents officieux produits au Corps législatif le 1er de l'année dernière (V. Hatin, *Bibliog. de la presse périodique française*, Introd. hist.. p. XCIII), augmenté de 200,000 pour le tirage du *Petit Journal* (le chiffre actuel est 212,000). Les presses à réaction figurent déjà parmi les 330 machines de la ligne précédente; mais l'impression d'un certain nombre de labeurs et des autres feuilles non politiques faite sur machines à réaction compense largement, en ce temps de journaux à 5 centi-

DÉPARTEMENTS

1,200 presses en blanc, à 5,000 feuilles chacune....	6,000,000
Plus-value donnée par les presses à réaction........	400,000
Plus-value donnée par les presses à double format, 5 p. 100 sur 6,000,000........................	300,000
1,000 presses à bras, à 1,000 feuilles chacune......	1,000,000
Total pour les départements...	**7,700,000**

RÉCAPITULATION

Paris.................	**4,357,000**
Départements.........	**7,700,000**
Total général....	**12,057,000**

Les 1,550 presses à bras de 1825 n'auraient pu donner qu'un maximum de **1,550,000** feuilles ; la puissance productrice atteindrait donc en bloc, aujourd'hui, près de *huit fois* celle de cette époque (12,057,000 : 1,550,000 = 7,67). Si nous établissons la proportionnalité séparément pour Paris et la province, nous trouvons qu'elle est à peu près de 1 à 5 dans le premier cas (4,357,000 : 850,000 = 5,12), tandis que dans le second elle arrive au rapport écrasant de 1 à 11 (7,700,000 : 700,000 = 11).

Et nous ne tenons aucun compte de la Lithographie !

Examinons maintenant la consommation, au moins en ce qui concerne les labeurs, qui sont malheureusement la seule catégorie d'imprimés qui puisse fournir matière à une appréciation un peu certaine. Le tableau ci-dessous donne, d'un côté, le résumé de la statistique des ouvrages imprimés pen-

mes, le double emploi résultant de notre calcul, et même le déficit provenant de toutes les presses en blanc que peut posséder la capitale. N'oublions pas, d'ailleurs, que le chiffre de 330 mécaniques remonte à 1860, et même 1859, et qu'il a certainement augmenté depuis.

dant les quatorze années comprises entre 1812 et 1826, tel le que nous l'avons relevée sur le mémoire du comte Daru ; de l'autre, celle de la même production de 1853 à 1867.

De 1812 à 1826.			De 1853 à 1867.		
En 1812......	4,648 ouvrages.		En 1853......	8,000 ouvrages.	
1813......	4,017	—	1854......	8,336	—
1814......	2,683	—	1855......	8,235	—
1815......	3,500	—	1856......	13,027	—
1816......	3,852	—	1857......	12,019	—
1817......	4,341	—	1858......	13,331	—
1818......	4,911	—	1859......	11,679	—
1819......	4,568	—	1860......	11,802	—
1820......	4,881	—	1861......	12,236	—
1821......	5,400	—	1862......	11,753	—
1822......	5,864	—	1863......	12,108	—
1823......	5,803	—	1864......	12,065	—
1824......	6,974	—	1865......	11,723	—
1825......	7,642	—	1866......	13,683	—

Ainsi, tandis que la puissance productrice, de 1825 à 1867, a QUINTUPLÉ à Paris et plus que DÉCUPLÉ dans les départements, l'aliment le plus important de l'Imprimerie N'A PAS DOUBLÉ !

Qu'on ne dise pas que, le chiffre des tirages étant aujourd'hui beaucoup plus considérable, notre argument est sans valeur : cela est vrai dans certains cas pour Paris et pour une douzaine de grandes maisons de province, mais cela est complétement inexact pour tout le reste ; nous serions plutôt porté à croire que, pour la grande masse des labeurs départementaux, les tirages sont plus faibles que jamais (1). Nous en avons donné plus haut la raison.

(1) M. de Fontaine de Resbecq (*Dict. du commerce*, article *Librairie*) fait observer, d'après l'indication d'un libraire distingué de Paris, M. Reinwald, que dans les relevés annuels des publications figure une forte proportion de feuilles volantes, de brochures sans aucune importance commerciale, mais dont le dépôt est exigé, et qui figurent conséquemment dans la *Bibliographie de la France*. Ainsi, sur les 13,331 publications de 1858, il n'y a eu réellement que 3,700 ou-

Assurément, tout en nous appesantissant sur un fait aussi considérable, nous ne voulons pas en exagérer la portée : il est certain que, si rien n'était venu combler un écart aussi énorme, les trois quarts des imprimeurs de province, en dépit du brevet, auraient été forcés de fermer leurs ateliers ou seraient morts de faim. Nous reconnaissons, au contraire, que sur quelques points une amélioration sensible s'est produite dans la situation de l'Imprimerie départementale ; la télégraphie électrique, en permettant de devancer les journaux de Paris pour la propagation des nouvelles, a donné une importance réelle aux feuilles de province, dont quelques-unes ont conquis une position forte et brillante ; les chemins de fer — entreprises privées cependant, et peu soucieuses de gaspiller leurs deniers — n'ont trouvé aucun désavantage à confier aux presses départementales l'exécution de leurs nombreux modèles, qu'ils ont libéralement répartis sur un grand nombre de points de leur réseau ; enfin, quelques hommes d'initiative, tentant hardiment des spéculations en dehors des voies battues, ou utilisant certaines conditions exceptionnellement favorables, ont réussi à fonder ou à développer quelques établissements en pleine voie d'activité et même de prospérité, notamment à lutter avec avantage contre l'absorption parisienne pour la partie des travaux administratifs payée directement par les chefs de service, et pour lesquels conséquemment la concurrence est souvent possible.

Mais ces exceptions sont restées bien circonscrites et doivent forcément demeurer longtemps à l'état d'exceptions ; elles ont même, dans certains cas, aggravé encore la position de la masse, retombée plus que jamais dans l'état de langueur et d'impuissance attaché fatalement en France, la patrie par excellence de la pensée, à l'industrie qui donne

vrages, et, sur les 11,670 de 1859, il n'y en a eu que 3,776. Quelle n'est pas la part de la province dans ces *labeurs* lilliputiens, qui sont parfois un quart de feuille tiré à 50 exemplaires ?

à la pensée un corps saisissable et comme la vie de relation.

Voilà les faits, et, si l'on peut nous chicaner sur quelques points de détails, nous ne croyons pas que personne puisse les contester dans leur ensemble. Ils prouvent surabondamment que, tout au moins, le régime actuel n'est pas une garantie contre la concurrence, qu'il ne protége pas et ne peut pas protéger l'Imprimerie ; nous voulons prouver davantage : nous voulons prouver que la liberté et le droit commun eussent produit de tout autres résultats, et que, s'ils n'eussent pas préservé notre industrie de quelques malaises momentanés qui sont dans l'essence de toutes les choses humaines, de quelques crises passagères qui sont comme le prix du progrès, ils n'eussent pas abouti du moins à cet état permanent de torpeur morbide dans lequel elle végète depuis quarante ans.

Mais il nous reste auparavant à exposer quelques considérations d'un autre ordre, conséquence naturelle des premières, et qui ont eu leur large part d'influence dans l'état de choses actuel.

Un de ses résultats les plus désastreux et les plus généraux a été de faire déserter la profession par les hommes les plus aptes à lui donner un peu de vie et de relief. Autrefois les imprimeries se transmettaient dans une même famille pendant une longue suite de générations. L'imprimeur, homme instruit et considéré, aisé sinon riche, amoureux et fier de son art, élevait son fils en vue de se former un successeur : concurremment avec des études classiques sévèrement surveillées, il lui faisait faire sous ses yeux un méticuleux apprentissage technique, et laissait ainsi après lui un chef de maison rompu à toutes les difficultés d'une profession qui demande des aptitudes si diverses pour être convenablement exercée. Aujourd'hui, la pensée constante de l'imprimeur qui tient quelque aisance de ses pères est d'écarter son fils de la carrière ingrate que sa mauvaise étoile l'a forcé de suivre; à de rares exceptions près, la tradition professionnelle n'existe plus que pour ceux auxquels des nécessités de position ne permettent pas d'y échapper.

Aussi le personnel de la Typographie est-il rempli aujourd'hui d'hommes très-honorables sans doute, et auxquels l'intelligence ne fait pas plus faute qu'à leurs prédécesseurs, mais qui enfin sont entrés dans l'Imprimerie dans l'âge viril, souvent par suite de déceptions essuyées dans les carrières libérales, et qui y apportent fréquemment ce dédain inexplicable du travail manuel qui est le préjugé dominant de la bourgeoisie. Ils passent ainsi leur vie à la tête d'établissements souvent importants sans en avoir jamais sérieusement étudié la partie technique, abandonnée à un prote dont ils sont dans l'impossibilité de contrôler la gestion. On pourrait diviser le personnel des maîtres imprimeurs en deux catégories principales : ceux qui ne connaissent pas la Typographie et ceux qui, la connaissant trop, auraient bien voulu s'en aller.

Qu'on ne cherche pas ailleurs les causes de la décadence inniable dans laquelle est tombé généralement en province l'art typographique : elle est là tout entière. On ne fait bien que lorsque l'on aime son métier, et l'on n'aime pas un métier qu'on ne connaît pas ou dans lequel on n'a trouvé que des déboires.

Qu'on ne cherche pas ailleurs la cause de cette apathie routinière, de ce manque d'initiative et d'esprit d'entreprise, qui caractérise plus que toute autre une industrie qui en comporte tant : l'élan doit forcément faire défaut à ceux qui n'ont pas la foi ou qui ne connaissent pas à fond le terrain sur lequel ils s'engagent, qui ne se doutent même pas de ses richesses cachées.

Ne faut-il pas voir là aussi une des causes de l'avilissement des prix ? Comment peuvent-ils être établis d'une manière rationnelle par des hommes ne pouvant apprécier rigoureusement les éléments si multiples, si insaisissables souvent pour tout autre qu'un praticien, qui constituent les frais afférents à la plupart des travaux autres que les labeurs ?

Oui, l'Imprimerie manque de chefs, et, il faut le dire aussi, de soldats, car ce sont les premiers qui font les seconds. Que la Typographie ouvrière, que nous aimons pour avoir vécu dans ses rangs, nous permette de lui dire que le dégoût qui s'est emparé d'elle n'a pas, lui, de raison d'être. On prétend que l'Imprimerie est pour l'ouvrier une carrière sans avenir ; sans doute, pour ceux qui s'endorment sur cette idée, qui ne travaillent que par contrainte et ne font aucun effort pour s'arracher à leur condition présente ; mais la composition du personnel actuel des patrons, l'accroissement du nombre des grandes maisons, suite nécessaire de l'intervention des machines et qu'étendra encore la liberté, ne créent-ils pas en bien autre proportion que par le passé des positions stables et lucratives, auxquelles peut prétendre tout ouvrier intelligent, laborieux et rangé ? Les bons lieutenants ne manquent-ils pas partout, et n'est-ce pas là le degré intermédiaire par lequel doit passer tout homme sans fortune pour arriver au patronat ? La société coopérative elle-même, qui apparaît à tant de travailleurs comme le but suprême à poursuivre, est-elle possible entre hommes désaffectionnés d'un métier qu'ils n'exercent plus que d'une manière machinale, déshabitués de tout effort et trop souvent, hélas ! de tout empire sur eux-mêmes ? Amis, réveillez-vous ! Voici l'heure de la liberté qui sonne, et c'est à vous surtout qu'elle profitera, si vous savez le vouloir.

Mais ne nous laissons pas écarter de notre sujet. Le manque d'hommes, conséquence inévitable d'une organisation contre nature, entraîne à sa suite le manque de capitaux : les deux faits s'enchaînent. Et cette pénurie est aggravée encore par le défaut de sécurité que crée la loi par la suppression discrétionnaire du brevet, pénalité aussi désastreuse dans ses effets immédiats, et cent fois plus funeste dans ses conséquences éloignées, que la confiscation moscovite. C'est là dans les Codes français, si purs d'arbitraire et si respectueux du droit, une tache qu'on ne saurait trop féliciter le Gouvernement de faire disparaître. Qu'on ne vienne pas dire que cette disposition est purement comminatoire, qu'à part les époques de tourmente politique, où chaque parti se bat avec toutes les armes qu'il trouve sous sa main, elle ne s'applique pas une fois tous les vingt ans : elle existe, cela suffit pour effrayer les capitaux, qui ne pèchent pas, en province surtout, par excès d'audace. Qui peut, d'ailleurs, blâmer ici leur timidité? Qu'est-ce qu'un gage qu'un coup de vent peut ainsi emporter? Qu'est-ce qu'une industrie vivant la tête placée ainsi sous un couteau de guillotine?

En résumé :
Exagération de la concurrence et surabondance de la puissance productrice,
Manque d'hommes,
Manque d'argent :
Voilà le bilan du régime actuel.

II

L'IMPRIMERIE LIBRE

Nous voici arrivé au cœur même de la question. Les faits que nous avons exposés n'auront guère rencontré de contra-

dicteurs; mais les imprimeurs en auront certainement tiré
des conclusions diamétralement opposées aux nôtres. Comment ! la réglementation et le privilège ne nous ont pas préservés d'un état de choses aussi désastreux, et vous voulez qu'il s'améliore par la destruction des barrières qui nous protégent encore contre une plus grande extension du mal ! La concurrence s'est exagérée quand la fondation d'une imprimerie n'était possible que sous certaines conditions, et vous voulez qu'elle s'amoindrisse lorsque le premier venu pourra entrer en ligne, sous sa seule responsabilité !... Oui, c'est notre conviction profonde, et nous allons prouver que la logique des faits conduit invinciblement à cette conséquence.

Mais, d'abord, posons la question de droit. Pourquoi l'État donnerait-il aux imprimeurs un soi-disant privilège qu'il refuse aux autres industriels? La liberté du travail est-elle, oui ou non, un droit naturel et absolu? N'est-elle pas la base même de notre société, et l'Assemblée constituante ne l'a-t-elle pas solennellement proclamée dans cette immortelle nuit du 4 août, qui a enfanté le droit public moderne? Pourquoi cette mise hors la loi commune d'une industrie quelconque? Et, si vous voulez maintenir cette anomalie, pourquoi ne pas aller jusqu'au bout, ne pas demander le rétablissement, pour l'Imprimerie, de ces bonnes vieilles corporations qui étouffaient tout progrès et faisaient jeter aux galères, comme un malfaiteur infâme, le malheureux ouvrier qui, sans avoir acheté une maîtrise, se servait pour son compte des bras et de l'intelligence qu'il tenait de Dieu?

On pose de telles questions pour les faire toucher du doigt; on ne les discute pas, car ce serait faire insulte au caractère et à la raison d'hommes sérieux et honorables. Nous ne saurions trop le répéter, le brevet n'a été et n'a pu être qu'une garantie sociale et politique, et, du moment qu'un gouvernement, plus éclairé que ses prédécesseurs sur les véritables conditions de force et de stabilité qui lui sont nécessaires, juge cette garantie inutile et l'abandonne, il n'y a pas, au point de vue du droit, une seule raison plausible à faire valoir pour son maintien. Et cela est si vrai, que les deux congrès d'imprimeurs qui viennent de se tenir à Tours et à Paris n'ont pas osé publier le fond de la pensée commune et réclamer contre la suppression du privilége; cela est si vrai, qu'on n'a pas osé donner suite à l'idée de demander la substitution d'un cautionnement au brevet. Cette retenue fait, du reste, honneur aux membres de ces congrès; elle prouve que l'alarme exagérée à laquelle ils sont en proie est la seule cause de l'acharnement qu'ils mettent à défendre une position dont, au fond de leur conscience, ils sentent bien toute l'injustice et la fausseté.

La question de droit dégagée, examinons celle de l'intérêt professionnel.

On nous accordera bien cette prémisse, que, au point de vue purement économique, l'Imprimerie est une profession comme les autres, qu'elle ne possède virtuellement aucun caractère spécial, aucune puissance particulière qui la soustraye aux lois naturelles résultant du libre jeu des forces industrielles; que, en un mot, si elle eût été abandonnée à elle-même comme les autres industries, elle se serait probablement comportée comme celles-ci.

Or, le résultat le plus certain de la liberté du travail n'a-t-il pas été de donner à l'industrie générale un élan et une puissance qu'on n'avait jamais connus dans le monde; d'accroître dans une proportion inouïe le bien-être de tous et celui de chacun; de distribuer et d'équilibrer surtout, avec une rigueur presque mathématique et par la seule force des choses, le nombre et l'importance des ateliers avec les besoins de la consommation?

Qu'arrive-t-il, en effet, sous le régime de la liberté, dans une industrie qui donne, comme la nôtre dans ses beaux jours, une rémunération considérable aux entrepreneurs? Les concurrents se multiplient, et les bénéfices baissent. Ils se multiplient quelquefois à tel point que les profits deviennent insuffisants. Que se produit-il alors? C'est que les entreprises les plus mal conçues et les plus mal dirigées, ou qui se trouvent placées dans les plus mauvaises conditions économiques, succombent et disparaissent. La position des survivants s'améliore d'autant, et, en fin de compte, le mouvement s'arrête juste au point où le bénéfice atteint une moyenne raisonnable, favorable à la fois au producteur et au consommateur.

Qu'arrive-t-il, sous le régime de la liberté, lorsqu'une machine ou une invention nouvelle vient donner à une fabrication le moyen de se multiplier dans une proportion importante? De deux choses l'une : ou, par suite de l'abaissement du prix de revient et, conséquemment, du prix de vente, la consommation s'élève à un degré tel, que le nombre des producteurs se maintient et s'augmente même quelquefois; ou bien, la consommation étant devancée par la production, une certaine quantité d'établissements finissent petit à petit par se fermer. Il y a crise, mais crise salutaire, amenant une recrudescence de vigueur et de santé.

Partout et toujours, lorsque la production arrive à excéder d'une manière permanente les besoins de la consommation, elle tend à rentrer dans des limites normales, rarement par secousses brusques, le plus souvent par l'extinction graduelle des maisons douées d'une vitalité insuffisante, de celles surtout qui ne savent pas se mettre au niveau du progrès industriel. C'est ainsi que des villes, des contrées tout entières, ont vu peu à peu disparaître de leur sein des industries jadis florissantes, et dont il ne reste parfois pas trace (1).

(1) Nous n'avons eu qu'à regarder autour de nous pour trouver des exemples

C'est par ce régime sévère, par cette élimination rigoureuse de tous les éléments impuissants, que l'industrie est arrivée à ce prodigieux développement de vigueur et de

de l'application de cette loi naturelle, à laquelle peu de contrées ont peut-être échappé.

La ville que nous habitons était jadis le centre d'une fabrication importante, celle des mouchoirs de couleur et des tissus de même nature. Sous la Restauration, cette industrie n'occupait pas moins de 6 à 7,000 ouvriers ; la ville et les environs comptaient de nombreux ateliers de tissage, de teinturerie et même deux filatures de coton. Les entrepreneurs étaient généralement, des hommes actifs, intelligents, et c'est à l'un d'eux, M. Verdier, qu'on doit la création d'une étoffe aujourd'hui très-répandue, le coutil-soie, que les neuf dixièmes des Montpelliérains qui l'emploient pour leurs cravates ne soupçonnent même pas avoir été inventé chez eux. La concurrence de Rouen, de Sainte-Marie-aux-Mines et de Cholet, plus favorisés sous le rapport de l'économie de la main-d'œuvre, ne tarda pas à porter un coup funeste à cette industrie : s'obstina-t-elle à vivre ? Pas le moins du monde. Petit à petit les métiers furent mis au rebut, les ouvriers s'adonnèrent à l'agriculture, où ils trouvèrent des salaires plus élevés, et les fabricants firent le commerce des articles qu'ils ne trouvaient plus avantage à produire eux-mêmes. Le dernier de ces établissements, celui de MM. Roux frères, à l'obligeance desquels nous devons ces détails, n'existe plus depuis 1843 ; et personne à Montpellier n'en est plus malheureux.

La restriction des profits, due à de mauvaises conditions économiques, avait fait ici son œuvre ; nous allons la voir l'accomplir de nouveau, sous l'action d'un accroissement de puissance productrice. Ce sont nos Cévennes qui nous fournissent cet exemple.

Il y a moins de quarante ans, on n'y aurait pas trouvé un toit qui n'abritât un ou deux métiers à bas ; de 1815 à 1825, on les comptait par milliers, et la fabrication du bas de soie, très-demandé à cette époque, était notamment un objet de commerce de la plus haute importance. La bonneterie de coton reçut une profonde atteinte par la concurrence de Troyes, dont les métiers circulaires, donnant quatre ou cinq fois plus de travail, enlevèrent toute la fabrication courante et ne laissèrent aux ouvriers cévenois que les articles de choix, mieux faits sur leurs métiers horizontaux. La bonneterie de coton ne vit plus dans ces montagnes que par la spécialité de sa maille ; les *trois quarts* des métiers ont disparu ; le Vigan, qui a compté jusqu'à cinquante fabricants, n'en a plus aujourd'hui qu'un seul. Quant à la fabrication du bas de soie, elle n'est plus qu'un souvenir.

Et pourtant il s'agit ici d'une industrie placée dans les plus admirables conditions, ayant à sa disposition toute une population intelligente, laborieuse et sobre, se contentant des salaires les plus modestes, travaillant chez elle en famille et n'obligeant pas l'entrepreneur à ces vastes constructions qui immobilisent tant de capitaux. Toute la ténacité montagnarde n'a pu cependant résister prospérité qui en fait aujourd'hui la plus importante des forces sociales; c'est en attirant ainsi vers elle les hommes et les capitaux, en provoquant toutes les activités, en faisant leur place à toutes les aptitudes, en maintenant constamment tendu l'énergique ressort de la responsabilité de chacun vis-à-vis de soi-même, que la grande armée du travail a victorieusement affronté quatre révolutions et les guerres de l'Empire, de nombreuses crises financières et alimentaires, les tâtonnements et les dangers d'une transformation presque complète des moyens de fabrication, par suite de l'intervention des machines. Elle a éprouvé sans doute des défaites partielles, mais elle a gagné toutes les batailles décisives.

N'y a-t-il pas tout un enseignement dans cette situation, et si l'Imprimerie, seule au milieu de la prospérité générale, est depuis quarante ans dans une voie de déclin toujours croissant, n'est-ce donc pas qu'il y a en elle un principe fatal, un vice radical et constitutionnel qui n'existe pas dans les autres industries? Et ce vice, quel peut-il être, sinon le privilége, le privilége inique et absurde, qui ne donne une vie factice à quelques-uns qu'au prix de la prospérité de tous, et dont le moindre défaut n'est pas l'aveuglement inouï qu'il répand sur les yeux de ceux qui en   le

Oui, là est la plaie, et en voici la cause : c'est qu'à l'encontre de ce qui se passe partout ailleurs, la loi naturelle d'équilibre entre l'offre et la demande n'existe pas pour l'Imprimerie; c'est que, grâce au brevet, un établissement typographique une fois créé peut devenir bien malade, mais qu'il ne meurt pas; il vit toujours et quand même, au besoin sans

aux effets de cette loi providentielle du progrès, que Dieu semble nous contraindre à suivre sous peine des plus douloureuses déceptions, même pour les hommes les plus dignes, sous tous les autres rapports, des biens qu'il nous a prodigués.

air et sans soleil, de la vie d'emprunt du parasite implanté sur un organisme affaibli.

La pauvre humanité est ainsi faite, que le moindre hochet fascine ses regards et lui fait perdre de vue ses intérêts les plus sérieux. C'est ce qui arrive pour l'imprimeur : il attache au privilége qui lui lie les bras une importance telle, que le brevet reste, malgré tout, une VALEUR. Or, on ne se résigne pas à détruire une valeur ; on consume son activité et son intelligence dans une entreprise impossible, on passe sa vie à maudire la funeste carrière qu'on a embrassée, mais on ne la quitte pas. Allez dire au plus pauvre imprimeur de la plus misérable bourgade de France, si jeune et si déterminé qu'il soit, qu'il ferait bien mieux de vendre tant bien que mal son matériel, et de chercher dans une autre voie une fortune plus heureuse, il vous regardera comme un insensé : il a son brevet, qu'il ne peut abandonner sans folie ; quand on a des parchemins, on ne les jette pas comme cela dans la rue.

Ce prestige du brevet est tellement réel, que les établissements dont la clientèle est la plus nulle, le matériel le plus incroyable, finissent toujours par trouver des acquéreurs, lorsque, par suite de décès ou de faillite, on est réduit à les mettre en vente. De pareilles cessions, opérées sous le coup d'une nécessité plus ou moins immédiate, se font, il est vrai, à vil prix ; elles ne rapportent certainement pas, le plus souvent, ce qu'aurait produit la vente du matériel seul, faite avec un peu d'intelligence, en temps utile ; mais c'est là précisément ce qui fait qu'elles ont lieu. Il se rencontre toujours quelques malheureux qui trouvent que c'est là une occasion superbe de devenir quelque chose, et qui se gardent bien de la laisser échapper. Ce sont trop souvent, hélas ! de laborieux ouvriers, pressés par le légitime sentiment de l'indépendance, qui viennent engloutir là les épargnes de toute leur vie, qui s'usent à ce labeur de Sisyphe, baissant encore les prix parce qu'ils comptent sur leur travail personnel, et réussissant parfois ainsi, en effet, à ne pas absolument mourir de faim.

Mais nous avons déjà signalé un fait qui est toute une révélation à ce point de vue : c'est la pétition de la Chambre des imprimeurs de Paris constatant, de 1830 à 1843, *quarante-sept faillites* déclarées au greffe du tribunal de commerce de la Seine et un nombre *au moins égal* de liquidations amiables. Voilà, en nombre rond, *cent* sinistres commerciaux frappant, en treize ans, une industrie qui ne comptait alors que *quatre-vingt-sept* établissements ; et, comme bon nombre de ceux-ci sont de vieilles et honorables maisons qui ont pu tenir tête à la bourrasque, il s'ensuit que celles qui n'ont pu y résister ont dû changer de mains à diverses reprises, pour aboutir toujours à un désastre. Eh bien ! qu'on nous cite, dans l'industrie libre, un seul cas où un fait de ce genre se soit produit sans avoir amené une réduction importante dans le nombre des ateliers, et nous abandonnons le terrain !

Nous savons bien qu'il s'agit ici d'une période exceptionnelle, d'une double crise amenée par la Révolution de 1830 et l'adoption générale des machines ; mais cela n'infirme en rien notre thèse, à savoir que les établissements typographiques ont une vitalité anormale et funeste, qui résiste aux chocs les plus terribles, et aboutit à un encombrement désastreux pour la profession. Cela est si vrai que, si la tempête a passé, si un accroissement important dans le chiffre des affaires s'est produit, l'Imprimerie parisienne ne s'est cependant jamais complétement relevée de cette secousse. Ce n'est pas impunément qu'une industrie quintuple et décuple tout d'un coup ses moyens de production ; il faut, lorsque la consommation ne s'étend pas dans la même mesure, ou qu'un certain nombre de producteurs disparaissent, ou que tous souffrent de la pléthore qui résulte du nouvel état de choses.

Et si, malgré la limitation légale du nombre des imprimeurs, la Typographie est restée languissante à Paris, le seul centre intellectuel et le seul marché de librairie sérieux que possède la France, quelle peut être sa situation dans les provinces, où la consommation est forcément si restreinte, et où la propagation des machines a succédé à une augmentation considérable dans le nombre des établissements? Nous ne croyons pas exagérer en disant qu'aujourd'hui ce nombre devrait être réduit d'un tiers pour être en rapport avec les besoins du public; or, en décembre 1865, l'*Imprimerie* n'évaluait qu'à 30 le nombre des brevets inexploités; dans son numéro de mars 1867, elle le porte à 73, sur 1,073, probablement pour faciliter par un nombre rond un calcul auquel elle se livre. Mettons-en 100 : qu'est-ce que cela? Un verre d'eau retiré de la mer!

Et qu'on note bien que ce n'est pas la situation actuelle qui a motivé la disparition de toutes ces maisons. Il y en a, et ce sont les plus nombreuses peut-être, qui n'existent plus depuis longues années, par des causes exceptionnelles et tout à fait étrangères à l'état du marché. Nous connaissons un brevet qui avait été accordé il y a trente ans à un homme de lettres, pour établir un journal dans une ville commerciale importante; le titulaire, qui avait d'autres visées que de faire de la typographie, n'avait acheté que le matériel nécessaire pour l'impression de ce journal. L'entreprise n'ayant pas réussi, il vendit purement et simplement ce matériel, et, mettant son brevet aux vieux papiers, ne s'en occupa plus. Combien n'y a-t-il pas, parmi les priviléges passés à l'état de lettres mortes, de cas aussi étrangers que celui-là au mouvement des affaires?

Il est un fait, d'ailleurs, dont il est essentiel de tenir compte. L'industrie générale a le plus habituellement un certain débouché normal, qui ne se restreint que dans des circonstances exceptionnelles et de durée passagère, et qui, pris en masse, suit une progression constamment ascendante. L'Imprimerie fait en partie exception à cette règle, tout au

moins à notre époque si tourmentée; toute secousse politique a sur elle son contre-coup, et elle subit d'une manière
permanente les effets du régime gouvernemental, tantôt plus
favorable, tantôt plus hostile à la liberté de la presse. D'un
autre côté, elle ne peut pas même atténuer, par une fabrication anticipée, les effets des chômages; elle vit, en un mot,
au jour le jour. Il semblerait donc rationnel qu'elle eût en
quelque sorte une constitution plus élastique que les autres
industries, qu'il y eût dans le nombre de ses ateliers une
variabilité plus en rapport avec celle de la demande : c'est le
contraire qui a lieu; le cercle des établissements typographiques est doué d'une puissance de dilatation indéfinie,
mais il acquiert la rigidité du fer dès qu'il y aurait convenance
à ce qu'il se resserrât.

Nous croyons l'avoir suffisamment démontré : la valeur
tout idéale et toute factice attachée au brevet, voilà la cause
essentielle du malaise permanent de l'industrie typographique. Il y en a d'autres, sans doute, mais elles sont toutes secondaires et viennent toujours aboutir, en fin de compte, à
ce raisonnement : si telles et telles circonstances ont restreint
la consommation, la production aurait dû se restreindre dans
la même mesure, tandis que sa puissance s'est, au contraire,
exagérée.

S'il en est ainsi, qu'a donc à redouter l'Imprimerie de la
loi d'émancipation que la Représentation nationale est appelée
à discuter? Hélas! sa position est si mauvaise, qu'elle ne saurait s'aggraver, et que, ne fût-ce qu'à titre de pis-aller, d'expérience empirique, elle devrait saluer avec joie le nouveau
régime sous lequel elle est appelée à vivre. Qui peut prévoir,
à l'époque où nous sommes, ce que le développement des
libertés publiques dans un pays de suffrage universel, ce que
la diffusion de l'instruction venant donner l'assiette et la consistance à ce grand mouvement démocratique jusqu'ici si

tumultueux, ce que l'habitude de la lecture pénétrant par la liberté de la librairie jusqu'au fond de nos campagnes, peut donner d'élan, de vigueur et de prospérité à cet art merveil-leux qui est l'instrument de tout progrès?

Ne voyons-nous pas en Belgique, en Suisse, aux États-Unis, où notre industrie est libre, des imprimeurs dans les moindres petites villes, mais des imprimeurs aisés et soucieux de leur métier, travaillant bien et suffisamment, ayant tous leur petit journal, un petit journal qui est autre chose qu'un prétexte à annonces judiciaires, qui vit sans demander rien à personne, du seul produit de ses abonnements? On ne connaît pas ce phénomène-là dans nos sous-préfectures françaises (1)...

Ne voyons-nous pas l'Angleterre, où notre industrie est libre, consommer annuellement, pour une population moindre d'un

(1) En 1862, d'après le *Journal de Genève*, la Suisse possédait 300 jour-naux, soit 1 pour 7,976 habitants; il n'y en avait alors en France que 1,343, soit 1 pour 26,643. Ce dernier nombre s'était élevé, au 1er janvier 1866, à 1,637 : nous ne savons au juste quelle a été, depuis 1862, la progression du journalisme suisse; d'après l'*Imprimerie* (p. 125), le chiffre de 1834 se-rait 345.

Quant à la Belgique, elle possédait, dès 1858, 262 feuilles périodiques; les chiffres actuels nous manquent, mais voici un renseignement qui donnera une idée de la quantité de publications périodiques en tout genre qui paraissent à Bruxelles : dans une seule journée de novembre 1865, on a perçu à la poste, pour frais d'affranchissement, une somme de 1,600 fr., dont on appréciera la valeur quand on saura que la plupart des journaux, les sept huitièmes environ, ne payent qu'un centime par exemplaire.

Le nombre des journaux anglais n'est pas proportionnellement plus considé-rable que celui des journaux français (1257 journaux pour 28 millions d'habi-tants), mais on sait que chacun d'eux en vaut en moyenne quatre des nôtres, et l'importance des tirages est beaucoup plus grande; elle atteint aujourd'hui, d'après l'*Imprimerie*, le chiffre annuel de 573 millions pour les journaux quo-tidiens, et de 7 millions pour les autres. Nous ne pensons pas que le tirage des journaux quotidiens français dépasse 350 millions, et le *Moniteur du soir* et le *Petit Journal*, à raison de 370,000 exemplaires par jour, entrent dans ce chiffre pour 133 millions, beaucoup plus que le tiers.

Aux États-Unis, il y a aujourd'hui plus de 4,000 journaux pour 30 millions d'habitants; c'est à peu près la même proportion que pour la Suisse.

(*V.* Eugène Hatin, *Bibliographie de la presse périodique française*, Intro-duction historique. *passim*. — Paris, Didot. 1866.)

tiers que la nôtre, 15 millions de quintaux de papier, tandis que la France n'en consomme que 5 millions (1)?

C'est que dans tous ces pays il y a la vie, c'est-à-dire la liberté. En serait-il donc autrement en France? En douter serait faire une insulte à notre pays. Le jour où, débarrassée de ses lisières et du triple bandeau du privilége, l'Imprimerie saura qu'elle ne doit plus compter que sur elle-même; où, libre de ses mouvements, elle pourra se déplacer, se transformer à son gré, unir ou disjoindre ses forces, s'accroître ou se restreindre selon les fluctuations du marché; ce jour-là elle aura retrouvé l'activité qui s'éteint en elle, elle ramènera dans son sein les hommes et les capitaux qui lui manquent, elle verra naître des entreprises dont elle ne se doute même pas maintenant ; elle finira, nous en avons la ferme conviction, par provoquer la consommation à un tel point, qu'il y aura en France une place honorable et lucrative pour un plus grand nombre d'établissements que celui qui y existe aujourd'hui.

III

LA TRANSITION

Les considérations qui précèdent nous dispensent de nous étendre longuement sur la crise momentanée que va provoquer le nouveau régime appliqué à l'Imprimerie.

Nous l'avons dit dès le début : nous ne pensons pas qu'elle

(1) *Journal des fabricants de papier*, cité par l'*Imprimerie* de juillet 1864.

soit en rien aussi redoutable qu'on l'appréhende. Il serait puéril de croire qu'il va sortir de terre tout à coup des imprimeries par myriades ; le nouveau projet de loi a bien pu éveiller de nombreuses ambitions dans les rangs secondaires de la Typographie, mais il y a loin de la coupe aux lèvres : on réfléchira, on se heurtera aux difficultés de la réalisation, et, en fin de compte, bien des projets dont l'imagination seule avait fait les frais s'évanouiront, ou s'ajourneront tout au moins, lorsqu'il s'agira de les mettre à exécution. Ce sont plutôt des successeurs que des concurrents que les imprimeurs trouveront dans leurs collaborateurs actuels. Quant aux non-typographes, la liberté leur ferme désormais l'entrée de la profession : il en sera désormais de notre industrie comme de toutes les autres, il faudra la connaître pour pouvoir la pratiquer avec quelque chance de succès.

Qu'on y songe, d'ailleurs : il faut aujourd'hui des capitaux assez important s pour monter une imprimerie en état de travailler dans des conditions supportables. Aucun homme du métier ne nous contredira si nous affirmons qu'il n'y a aucun avenir pour toute maison qui n'aura pas au moins une presse mécanique ; tenter aujourd'hui la fortune avec les presses manuelles serait aussi raisonnable que d'essayer de faire concurrence à un chemin de fer avec les pataches du temps jadis. Or, à quelque bas prix que les machines soient tombées, la moindre d'entre elles vaut encore, à elle seule, le prix que l'on mettait autrefois dans un matériel complet de petite ville, et il comporte un outillage de composition autrement important. Même avec une petite mécanique, on luttera difficilement avec les maisons largement installées, munies de presses à retiration et de machines à vapeur.

Autrefois les grandes maisons n'avaient aucune supériorité économique sur les petites : on possédait dix, vingt, trente presses, mais le produit de chacune d'elles était le même que pour les établissements qui n'en avaient qu'une : ce n'était qu'une somme plus ou moins élevée d'unités de même nature. Un homme intelligent et laborieux pouvait débuter avec une presse, en acheter une seconde, puis trois, puis quatre, au fur et à mesure que les affaires se développaient : il n'en est pas de même aujourd'hui ; il faut engager dès le début, et d'un seul coup, une masse de capitaux d'autant plus considérable que les concurrences déjà établies sont plus puissamment outillées. Maintenant, si quelque pauvre diable va monter dans un coin d'une grande ville un matériel qui ne pourra faire que des lettres de faire part, il n'y a vraiment pas de quoi s'en inquiéter.

Dans tous les cas, si la thèse que nous soutenons est juste, si le nombre des imprimeries est déjà fortement exagéré pour le moment, il est incontestable que celles qui viendront l'augmenter se trouveront en face des difficultés les plus redoutables et que, à moins que les anciennes ne soient entre des mains tout à fait impuissantes, elles ne pourront pas se maintenir.

Lorsque, dans une ville importante, dans un bon chef-lieu de département, la préfecture et les administrations sont prises par une ou deux maisons ; la cour, l'évêché, l'académie, par une ou deux autres, et qu'il y a encore, pour le service du public, trois ou quatre autres imprimeries toujours plus ou moins souffreteuses, et une douzaine de lithographies dont la moitié vit à peine, quelle chance de travail reste-t-il pour un intrus ? Il faudrait que ceux qui sont aujourd'hui maîtres des positions fussent bien maladroits pour les perdre. Et ce qui est vrai pour les grandes villes, qui offrent un certain courant normal de travail, l'est *a fortiori* pour les petites, dont les ressources sont bien plus limitées.

Cela ne veut pas dire, tant s'en faut, que les imprimeurs actuels n'aient qu'à se croiser les bras et à s'endormir dans une indifférente quiétude. Le premier effet de la liberté devra être, au contraire, de stimuler l'amour-propre professionnel, d'exciter le désir de bien faire ; car, si l'abaissement des prix, déjà si peu rémunérateurs, ne peut pas être un moyen sérieux de concurrence, il n'en est pas de même de la manière d'exécuter le travail. Il faut le dire, dans l'intérêt même de ceux auxquels s'applique une observation pénible à faire, nombre d'imprimeurs, surtout dans les petites villes, sont sur ce point d'une négligence inqualifiable ; ils ne comptent que sur le produit des annonces judiciaires, qui pourraient bien leur faire faute un jour, et ils éloignent, comme à plaisir, une clientèle qui ne les mettrait à la merci de personne, et qui s'accroîtrait certainement si elle était convenablement servie. Des centres même importants en sont à ce point, que ce n'est que sous le coup de la nécessité la plus absolue qu'on se résigne à s'adresser à l'Imprimerie locale. C'est là une plaie dont souffre la profession tout entière, car elle a pour effet d'empêcher l'habitude des imprimés de se répandre autant qu'elle le devrait, de refouler en quelque sorte la consommation, qu'on n'excite que par la modération des prix unie à des produits assez soigneusement exécutés pour séduire le public.

Dans ces cas, sans nul doute, il y aura place pour une concurrence intelligente et habile : comme dans toute lutte, les positions mal défendues seront enlevées, et souvent même exclusivement occupées par les nouveaux venus. Ce sera très-malheureux assurément pour ceux qui s'en seront laissé évincer ; mais il ne tient qu'à eux d'éviter ce désastre en prenant leur art au sérieux et en s'efforçant de le pratiquer convenablement.

Que les imprimeurs qui se trouvent dans cette situation aient pris l'alarme et jeté les hauts cris, nous le comprenons ; mais que des maisons bien posées, bien dirigées, satisfaisant une clientèle souvent ancienne et qui n'a aucune raison pour

les quitter, aient fait chorus et soulevé ciel et terre pour
maintenir un privilége injuste et dont elles n'ont pas besoin,
c'est vraiment — qu'on nous pardonne le mot — trop de pusillanimité.

Nous savons bien — et ce n'est pas un des moindres défauts
du régime actuel — que les imprimeries ne sont pas toujours
normalement réparties d'après l'importance et les besoins des
populations ; que, si beaucoup de localités regorgent, il y a
encore par-ci par-là quelques points qui paraissent présenter
des places à prendre : mais on les compterait sans peine, et
d'ailleurs, pour peu que les maisons qui y sont établies aient
su tirer parti de la position, elles doivent être aujourd'hui sur
un tel pied qu'il sera peut-être plus difficile de leur faire concurrence qu'aux autres. C'est le cas de Paris notamment : que
ne faudra-t-il pas d'entente des affaires, d'habileté professionnelle et de capitaux, pour entrer en lutte avec les usines
typographiques de la capitale ? Et, lorsqu'on songe qu'il s'agit
d'une industrie en souffrance depuis près d'un demi-siècle,
on se demande combien d'hommes de sens se décideront à
s'engager dans une voie si périlleuse. Il pourra bien sans doute
s'en trouver quelques-uns, car Paris est un marché hors ligne
et présente tant de ressources négligées jusqu'ici par la Typographie, qu'il serait extraordinaire qu'il en fût autrement ;
mais on peut affirmer sans crainte qu'il n'y a de chances de
succès que pour ceux qui exploiteront ces ressources, et que
les maisons adonnées à la fabrication des livres, c'est-à-dire
les plus nombreuses et les plus importantes, sont hors de toute
atteinte.

Quoi qu'il en soit, il s'agit ici de cas exceptionnels, qui ne
peuvent faire règle, et la situation générale se résume pour
nous dans les deux membres de ce dilemme :

Ou la consommation restera ce qu'elle est, et dans ce cas,
loin de s'accroître, le nombre des imprimeries, une fois la

première crise passée, se restreindra graduellement jusqu'au point où il ne sera plus en excès ;

Ou — ce qui est plus probable — la consommation, plus énergiquement stimulée, grandira dans des proportions plus ou moins fortes, et le nombre des imprimeries se proportionnera, graduellement aussi, à ses besoins.

Des deux côtés, amélioration inévitable de la position des imprimeurs. Quant à cet envahissement de la profession dont on nous menace, c'est une éventualité qui ne soutient pas un examen fait de sang-froid ; eût-il lieu, d'ailleurs, qu'il n'aboutirait qu'à la ruine des fous qui l'auraient tenté, et que les maisons sérieuses, au bout de quelques années, ne feraient que trouver là une occasion excellente d'acheter du matériel à prix réduits.

<div align="center">~~~~~~~~~~~~~~</div>

IV

LIMITATION DE LA QUESTION

La Liberté de l'Imprimerie a une portée exclusivement économique.

Nous avons à discuter maintenant des intérêts plus élevés, ceux de la moralité et de l'ordre publics dans leurs rapports avec la thèse que nous soutenons. Les partisans du privilége, qui sentent le terrain réel du débat se dérober sous eux, pensent trouver ici un sol plus ferme et de plus facile défense, et se rattachent à ce côté de la question avec une ardeur désespérée.

La liberté de l'Imprimerie, disent-ils, est un immense danger social, un élément de dissolution auquel rien ne résistera : l'autorité politique et religieuse, la morale publique, l'honneur et la fortune des particuliers, tout va être à la merci de cette puissance anarchique, dont aucun contrôle sérieux ne pourra réprimer les abus. C'est en vain qu'on essaye de maintenir les formalités de la déclaration et du dépôt, qu'on continue d'astreindre l'imprimeur à mettre son nom sur tout ce qui sort de ses presses : ces précautions seront tout à fait illusoires. « Ce qui est praticable vis-à-vis de quatre, de six, « de douze industriels connus, ayant à préserver, en même « temps que leur propre honneur, leurs intérêts et jusqu'à « leur situation tout entière, sera évidemment et fatalement « impossible quand ces industriels se compteront par cen- « taines, presque par milliers, dépourvus la plupart de noto- « riété et de responsabilité, possédant un matériel de peu de « valeur, et n'ayant pas à redouter, pour les infractions les « plus graves à la loi, même la perte d'un brevet qui n'exis- « tera plus (1). »

Assurément, si la liberté de l'Imprimerie doit ainsi aboutir à l'abomination de la désolation et nous ramener à l'état sauvage, il faut y renoncer; mais qu'y a-t-il de vrai, de probable dans cette sombre fantasmagorie? C'est ce que nous nous proposons d'examiner.

La Presse a eu et aura toujours ses écarts; l'Autorité a eu

(1) *La liberté de la Presse devant le Corps législatif*, par Ernest Merson (Paris, Dentu). Il va sans dire que nous ne prenons pas plus particulièrement à partie que tout autre M. Merson. Nous analysons et citons les pages de sa brochure relatives à la question, parce que, émanées d'un publiciste qui est en même temps imprimeur, elles nous paraissent reproduire fidèlement le langage généralement tenu par les adversaires de la liberté de l'Imprimerie.

et aura toujours à les réprimer : cela est dans la nature des choses, et aucune puissance humaine n'empêchera qu'il en soit ainsi, jusqu'au jour, tout au moins, où nos mœurs publiques se seront assez améliorées pour que les intempérances de la plume cessent d'être un danger. Or nous soutenons que le brevet n'a arrêté et n'arrêtera jamais aucun excès, qu'il n'a notamment jamais été un obstacle aux publications clandestines, et que la liberté de l'Imprimerie laissera toujours entre les mains du Pouvoir des armes suffisantes pour défendre les grands intérêts sociaux qu'il a mission de sauvegarder.

Ce qui provoque l'écrit factieux, ce qui détermine l'impression clandestine, ce n'est pas la liberté : c'est la restriction à outrance, c'est le désaccord entre l'état de l'opinion publique et les lois qui en réglementent l'expression. Quand la pensée générale trouve dans les limites légales des moyens suffisants de manifestation, elle s'y maintient, et les excès isolés auxquels elle peut se livrer se produisent presque toujours au grand soleil : le pamphlet clandestin n'est jamais alors qu'une exception sans importance. Lorsque, au contraire, comme cela existait à la fin du dernier siècle, comme cela se produit souvent au lendemain d'une grande commotion politique, il y a un courant d'opposition énergique à l'ordre établi, les barrières légales sont toujours audacieusement franchies, et les écrits clandestins se multiplient. L'histoire tout entière de notre pays, depuis l'invention de l'Imprimerie, est là pour nous dire si jamais une mesure préventive a modifié cet état de choses.

Aussi un des hommes les plus sages et les plus éminents dont s'honore le commencement de ce siècle, le comte Daru, que nous avons eu déjà occasion de citer, écrivait-il en 1827, au sujet de l'Imprimerie, ces lignes remarquables : « Dans ce « genre de consommation, comme dans tous les autres, la « fabrication se conforme au goût du consommateur : d'où il « suit que, si l'on est mécontent de la Presse, il ne suffit pas

« de lui donner des entraves ; c'est l'esprit public qu'il faut
« changer (1). »

Cette idée est profondément vraie : l'Imprimerie, instrument tout passif de la pensée, reflète l'opinion, ni plus ni
moins. Elle est, comme l'opinion, modérée dans les temps de
calme, désordonnée aux époques de tourmente, avec toutes
les nuances intermédiaires entre ces deux extrêmes ; et le
brevet, quand a éclaté l'orage, n'est qu'un fétu de paille
opposé à un torrent. Les écrits les plus excessifs, les théories
les plus audacieuses, les excitations les plus ardentes, ont eu,
en 1848, le concours des presses privilégiées, comme elles
auraient eu celui des presses libres, et, les mêmes circonstances se représentant, le même fait se reproduirait encore.
Quel régime politique le brevet a-t-il sauvé ?

L'Imprimerie était sévèrement réglementée avant 89 : elle
était tenue en laisse non-seulement par le Gouvernement,
mais encore par une corporation jalouse de ce qu'elle appelait ses droits, et ne négligeant aucun moyen pour ne pas les
laisser entamer par la concurrence extra-légale. Tandis que,
d'un côté, les abords de la maîtrise étaient hérissés de difficultés de toute nature, de l'autre, les précautions les plus
méticuleuses, parfois même les plus ridicules, étaient prises
par l'Autorité pour qu'aucune impression n'échappât à sa surveillance (2). Eh bien ! sans remonter jusqu'aux luttes de la
Réforme, quelle époque a vu une plus grande masse d'im-

(1) *Notions statistiques sur la Librairie.*

(2) Les imprimeurs de Paris étaient parqués dans le quartier de l'Université,
hors des limites duquel ils ne pouvaient s'établir ; ils ne pouvaient avoir qu'un
seul établissement, qui était soigneusement visité tous les trois mois, sans préjudice des descentes extraordinaires de la police ; la porte des ateliers ne devait être fermée, pendant le travail, qu'à un simple loquet : enfin la déclaration
du 10 mai 1728 va jusqu'à défendre, sous les peines les plus sévères, l'emploi
des rouleaux, qui permettaient d'imprimer sans bruit. (V. Saugrain, *Code de
la Librairie et Imprimerie de Paris* (Paris, 1744), *passim.* — A.-F. Didot,
Essai sur la Typographie.)

pressions clandestines que le xviii° siècle ? Et ce n'étaient pas seulement des pamphlets, mais des volumes, des ouvrages considérables, qui sortaient par milliers des presses non autorisées. Les étalages de nos bouquinistes regorgent encore d'œuvres philosophiques ou politiques de cette époque, qui, en guise de nom d'imprimeur, ne portent que des mentions dérisoires : *A Londres, A Amsterdam, A Neufchâtel*, etc. Sous le titre de *Nouvelles ecclésiastiques*, les jansénistes ont publié pendant soixante ans, de 1728 à 1789, sans que jamais la police, qui avait mis tous ses limiers en campagne, ait pu savoir d'où il sortait, un journal qu'on trouvait placardé sur tous les murs de Paris (1). Et pourtant il n'y avait alors dans la capitale que trente-six imprimeries ! Et pourtant les peines formellement édictées par les règlements, l'amende *arbitraire* (2), la confiscation et la prison, avaient pour complément ces mots d'une redoutable élasticité : « à peine de punition exemplaire (3), » qui commençaient, il est vrai, à ne plus sentir le roussi — on avait des égards pour les prédilections philosophiques de madame de Pompadour — mais se traduisaient très-bien encore, de temps à autre, par la Bastille et les galères.

Quel billet à La Châtre que ce brevet de l'ancien régime, avec son cortége de répressions odieuses, de vexations et d'entraves de toute nature ! Qu'a-t-il empêché ? et que pouvait-il empêcher ? Vouloir enfermer la société du xviii° siècle dans la sphère étroite du moyen âge était une entreprise tellement absurde, que violer la loi était devenu presque une mode, suivie avec tout l'entrain français malgré les périls qu'elle entraînait, et que même les caractères les plus purs et les plus intègres ne s'en faisaient pas scrupule : Malesherbes,

(1) Edmond Werdet, *Histoire du Livre en France*, 4e partie ; Hatin, *Histoire politique et littéraire de la Presse en France*, t. III, p. 433 et suiv.
(2) Arrêt du Conseil du 22 août 1626.
(3) Édit du mois d'août 1686.
V. Saugrain, *loc. cit.*, p. 20 et 34.

le vertueux et infortuné Malesherbes, alors directeur de la Librairie, corrigeait les épreuves de l'édition clandestine d'*Émile*, et faisait mettre en sûreté chez lui les papiers de Diderot, qu'il envoyait saisir le lendemain.

Ici comme toujours, pour nous servir d'un mot célèbre, « l'opinion publique a gagné la dernière victoire. » Quand donc en a-t-il été autrement? Le rétablissement du brevet a-t-il raffermi la puissance de Napoléon Ier, ébranlée, d'après son propre aveu, bien plus par le progrès des idées libérales que par les coalitions étrangères? L'a-t-il préservé des pamphlets clandestins? A-t-il empêché 1830 et 1848?

Aujourd'hui que la cause de la liberté civile et religieuse est gagnée, aujourd'hui surtout que le Gouvernement se prépare à abolir le régime exceptionnel qu'il a cru devoir temporairement imposer à la Presse; que les principales entraves qui s'opposaient à la libre manifestation des idées vont disparaître; que chacun va trouver le moyen de dire suffisamment ce qu'il pense, dans les limites de la loi, croit-on qu'il se trouvera beaucoup de gens disposés à les franchir au point de redouter la lumière d'une publicité loyale, d'appeler la clandestinité à leur aide? Croit-on surtout que les imprimeurs, même libres, n'y regarderont pas à deux fois avant de risquer leur sûreté, leur position, leur crédit commercial et leur fortune grande ou petite, dans un travail illégal, qui appellerait sur leur tête les plus sévères châtiments?

Qu'on ne perde pas de vue, d'ailleurs, qu'il ne s'agit pas, comme il semblerait qu'on affecte de le croire, de désarmer complétement la société contre les excès de la Presse, mais bien de supprimer une simple mesure préventive, dont on a reconnu l'inefficacité.

Mais, nous objecteront nos adversaires, nous contestons précisément la possibilité de la répression : la surveillance de l'Autorité ne pourra jamais s'étendre aux milliers d'imprimeurs que la nouvelle loi va enfanter, et, si les hommes honnêtes et sensés de tous les partis ne doivent faire de la Presse qu'un usage avoué et ostensible, il y aura toujours les fanatiques, les ennemis de toute autorité et de tout ordre social, qui profiteront de cette impuissance de l'Administration pour inonder le pays d'imprimés clandestins et nous conduire aux abîmes.

Voyons ! cela est-il bien sérieux ? Se figure-t-on ces *milliers* d'imprimeries apparaissant tout à coup comme des champignons, dans l'unique but d'exploiter la clientèle des conspirateurs ? Car enfin, si, comme nous croyons l'avoir surabondamment démontré, le travail avouable est déjà insuffisant pour alimenter les imprimeries existantes, il faudra bien que ce soit sur la clientèle interlope que fassent fond les nouveaux imprimeurs qui viendraient ainsi surcharger le marché dans de telles proportions.

Ne soyez donc pas plus royalistes que le roi : cela fait toujours mauvais effet, et c'est avec de telles exagérations qu'on perd même les meilleures causes. Si le Gouvernement, qui est le premier intéressé dans la question, et qui est mieux placé que personne pour en juger la portée, s'est décidé, après deux années d'étude et d'examen (1), à proposer la réforme projetée, c'est que probablement il ne croit pas qu'il y ait là pour lui un péril sérieux ; c'est qu'il sait très-bien que les publications clandestines sont un mal inévitable, quelle que soit la législation en vigueur, et qu'il en est toujours quelques-unes qui échapperont à sa surveillance; c'est qu'il sait très-bien surtout qu'un Pouvoir fort ne meurt pas de ces coups d'épingle, et une société encore moins.

Et, d'ailleurs, le système actuel a-t-il en rien garanti le

(1) On ne sait peut-être pas assez que la question de la liberté de l'Imprimerie n'est pas liée d'une manière absolue au projet de loi actuel sur la Presse, mais a été soumise au Conseil d'État dès la fin de 1864, sous la forme d'un projet de loi isolé. (V. *Journal des Économistes*, décembre 1864.)

Gouvernement des atteintes de ce genre? Il est peu de crises politiques peut-être qui aient provoqué autant de pamphlets que l'établissement du second Empire : dans les premières années, ils couraient les rues. Ils ne s'imprimaient pas en France, direz-vous. C'est possible ; mais la belle avance, en vérité? Croyez-vous que le Gouvernement n'eût pas préféré qu'il en fût autrement? Croyez-vous que ce fût pour lui une garantie de les savoir fabriqués tranquillement aux frontières, dans des ateliers placés en dehors de son action, d'où, grâce aux chemins de fer, ils entraient par fusées sur notre territoire pour s'y répandre dans tous les sens, ne prêtant le flanc à la répression que par le colportage illégal, saisis sur un point, mais arrivant à bon port dans dix autres, sans que jamais il fût possible de prévenir d'un coup la distribution?

Nous serions fort étonné si, même avec la liberté de l'Imprimerie, ce système était abandonné par les dissidents irréconciliables. Qu'il s'imprime en France quelques placards, quelques lettres de trois ou quatre pages que tout le monde peut multiplier avec une presse autographique comme nombre de particuliers en possèdent, c'est possible : cela s'est fait, cela se fait encore, cela se fera probablement toujours ; mais que des brochures d'une certaine étendue, dont l'exécution typographique laisse toujours quelques traces, et qui auraient contre elles dix chances d'indiscrétion pour une, s'impriment dans le pays, sous la main sévère du Gouvernement, lorsqu'il est si facile de s'y soustraire, ce serait vraiment bien niais.

Un des signataires du *Manifeste de Nancy*, M. Foblant, ancien membre de l'Assemblée législative, vient de publier, à propos du nouveau projet de loi sur la Presse, une petite brochure qui n'est que la réédition d'un article inséré dans les *Varia* (1). L'honorable écrivain est amené à traiter la ques-

____

(1) *Liberté de la Presse*. Paris, Dentu.

tion de la liberté de l'Imprimerie, et, tout en l'envisageant à un point de vue que nous n'avions pas à aborder, il conclut en somme, et malgré quelques divergences de détail (1), de la même façon que nous. Nous croyons utile de reproduire la page si pleine de sens dans laquelle il examine l'utilité du brevet au point de vue de la clandestinité :

« Des hommes qui se disent conservateurs, et qui ne méritent point ce nom, soutiennent cependant que nous aurions beau faire, et que, sous un tel régime, la police serait impuissante à découvrir les imprimeries secrètes, qui s'établiraient, disent-ils, partout, le

(1) Il est un point surtout sur lequel nous sommes en désaccord complet avec M. Foblant : c'est celui du cautionnement, que le libéral naucédien est assez disposé à exiger des imprimeurs, afin, dit-il, « que la police soit armée des moyens de leur faire solder les amendes qu'ils auront encourues, et au payement desquelles l'ordre public est intéressé. »

Nous admettons parfaitement, avec M. Foblant, que la société est en droit de prendre toutes les garanties nécessaires contre les abus de la liberté d'imprimer, et, si le cautionnement avait à nos yeux ce caractère de nécessité, nous ne balancerions pas à nous ranger à son avis. Mais en est-il ainsi? C'est ce que nous contestons de la manière la plus formelle. L'amende, dans notre droit moderne, n'est pas, comme le *werhgeld* des anciens Germains, la compensation d'un dommage réductible, en quelque sorte, à une évaluation pécuniaire ; elle n'est pas davantage un moyen fiscal dont l'État (qui fait souvent des remises partielles ou totales) doive rigoureusement poursuivre l'application, pour chaque cas particulier, jusqu'à ce que le dernier centime soit entré dans ses caisses. Personne ne songe, et M. Foblant moins que tout autre, probablement, à lui donner l'un de ces deux caractères. L'amende est une *peine* (peine assez peu rationnelle, par parenthèse, car elle frappe très-inégalement, à raison des différences de fortune, des hommes coupables de délits identiques) ; son but est donc essentiellement répressif, et il est atteint toutes les fois que la répression est possible. Or une imprimerie n'est pas, comme un journal, comme une étude de notaire ou d'avoué, une valeur purement idéale ou conventionnelle ; c'est une valeur très-réelle, parfaitement tangible et saisissable : l'action de la loi ne risque donc jamais, dès lors, de tomber dans le vide. En effet, de deux choses l'une : ou l'imprimeur a d'autres biens que son matériel, et alors, en cas d'insuffisance de celui-ci, ces autres biens répondent du payement de la différence ; ou bien il ne possède que son imprimerie, et, dans le même cas, la condamnation qui le frappe le ruine complètement et le met désormais, en tant qu'imprimeur, dans l'impossibilité de nuire. Que peut demander de plus la société?

Nous ne discuterons pas les conséquences économiques et professionnelles du cautionnement, qui seraient, croyons-nous, encore plus désastreuses que celles du brevet.

jour où le Gouvernement aurait l'imprudence de laisser libre la profession. Nous n'en croyons absolument rien. Parler ainsi, c'est faire injure à la police, dont l'œil, si exercé de nos jours, ne s'endort sur aucun délit, notamment sur ceux qui ont trait à la politique. Un décret en date du 22 mars 1852 a, d'ailleurs, pris un bon moyen pour faciliter la surveillance, en obligeant non-seulement les fabricants de presses, mais les fondeurs de caractères, clicheurs, stéréotypeurs, etc., à tenir un registre paraphé par le maire, sur lequel doivent être inscrits, à jour, les noms, qualités et adresses de tous ceux auxquels ils font quelque fourniture. On pourrait compléter cette disposition en exigeant que tout citoyen qui, sous l'empire de la liberté de l'imprimerie, aurait une presse en sa possession, déclarât à qui il la transmet, et cela le jour même où il s'en dessaisit.

« Avec toutes ces précautions, il se pourra encore, nous l'accordons, qu'un homme n'ayant rien à perdre s'avise de faire un coup fourré, achète une presse, des caractères, et, sous l'inspiration peut-être d'un parti qui lui aura fourni ses moyens d'action, jette sur la place une méchante brochure et s'enfuie. Si cela arrive une fois par hasard, il ne faut point s'en préoccuper. Bien malades seraient les gouvernements et les pays qui, pour un fait isolé de cette nature, courraient des risques sérieux. S'il pouvait être à craindre, au contraire, que cela ne se renouvelât, nous serions les premiers à chercher les moyens de nous garantir contre un tel danger. Mais, outre que rien de pareil n'est à prévoir, nous demandons à tout homme ayant son bon sens en quoi le régime actuel des brevets peut empêcher un aventurier de faire justement ce dont on nous menace. Le délinquant qui, étant donné la liberté de l'imprimerie, se soustrait à la déclaration qu'il doit faire, et consent à courir la chance d'imprimer sans bruit un pamphlet, sauf à disparaître après coup, peut apparemment, si la fantaisie lui en vient, agir de même aujourd'hui. En quoi le régime actuel des brevets peut-il empêcher un homme de se procurer clandestinement une presse, d'acheter du vieux plomb, quelques rames de papier, de lancer une brochure et de prendre la fuite ? Ceci n'est point entré dans nos mœurs. Pourquoi craint-on que l'usage ne s'en établisse sous une législation qui, plus douce pour les observateurs de la loi, garderait, nous l'admettons, ses rigueurs pour ceux qui voudraient la violer ? »

Nous ne voyons vraiment pas ce qu'on peut répondre à cela.

Les considérations que nous venons d'émettre sur la politique s'appliquent, *a fortiori*, à la morale publique et aux intérêts particuliers. La liberté de la Librairie nous paraît même, sur le premier chef, donner une garantie de plus contre la propagation si déplorable des livres obscènes. Ce sont les colporteurs qui sont les agents les plus actifs, sinon les seuls agents, de cet ignoble commerce, que les lois pénales ne frappent pas assez rudement : cet empoisonnement de la moralité juvénile, dont les conséquences sont parfois si terribles, ne fût-ce qu'au point de vue physique, devrait être assimilé à l'excitation habituelle à la débauche et châtié d'une manière aussi sévère et aussi infamante. Or le colportage ne nous paraît pas devoir résister longtemps aux effets inévitables de la nouvelle loi. Lorsque, dans chaque village, le petit marchand, qui vend de tout, pourra vendre aussi des livres, il est probable qu'il en vendra. Cette nouvelle concurrence, combinée avec la facilité de plus en plus grande des communications, portera le dernier coup aux libraires ambulants, dont le nombre a déjà bien diminué. La société trouvera alors dans la fixité de la résidence, dans le contrôle de l'opinion publique, dans des habitudes d'honnêteté assez générales chez nos petits commerçants de campagne, au besoin enfin dans une surveillance plus facile et plus efficace, des garanties qui lui font aujourd'hui complétement défaut.

Ce qui nous paraît résulter, d'une façon manifeste, de tout ce qui précède, c'est que la justice et la raison conseillent également de faire cesser la confusion déplorable que l'on a toujours faite entre la pensée proprement dite et l'industrie qui lui sert d'instrument, entre la Presse et l'Imprimerie. Il y a un moyen bien simple d'éclairer une question qu'on a tant obscurcie, c'est de l'examiner à la lumière du droit : on verra, une fois de plus, que c'est de ce côté qu'est encore la véritable force, la véritable sauvegarde pour tous, et que la grande loi d'harmonie entre tous les intérêts légitimes s'imposé toujours à l'esprit libre des passions qui viennent souvent en voiler l'évidence.

Quel est ici le droit de la société ?

C'est, d'une part, d'empêcher, si elle le juge utile à sa sécurité, l'expression des idées outrées et des sentiments violents qui tendent à troubler la paix publique ; d'autre part, d'exiger que toute pensée qui veut se produire le fasse loyalement et au grand-jour, sans jamais essayer de se soustraire à son contrôle.

Quel est le droit de l'individu ?

C'est, d'une part, de n'avoir à subir aucune entrave dans l'exercice légitime de sa liberté ; d'autre part, de n'être responsable, vis-à-vis de la société, que dans la mesure où il a personnellement et sciemment agi.

L'utilité de la répression en matière de presse a été contestée, et par des hommes qu'on ne peut considérer comme des casse-cou politiques (1); mais le droit de la société n'a jamais été, que nous sachions, mis en doute par aucun homme de valeur. Du moment qu'elle use de ce droit. l'écrivain est donc responsable vis-à-vis d'elle. Mais qu'on remarque bien que les lois répressives de la Presse sont, dans leur essence et dans leurs applications, de nature extrêmement variable : « On est toujours le jacobin de quelqu'un », dit Mme de Staël, et le radical du jour finit souvent par se trouver le conservateur du lendemain, et *vice versa*. L'écrivain a donc à tenir compte de ces fluctuations, à apprécier la mesure dans laquelle il peut émettre ses idées sans courir les risques d'un procès : nous sommes ici dans le domaine de la politique pure.

Mais est-il juste d'exiger de l'imprimeur une appréciation

(1) Voy. notamment Tocqueville, *de la Démocratie en Amérique*, chap. XI. *de la Liberté de la Presse aux États-Unis.*

de même nature? Est-il juste de demander à un industriel la finesse particulière de tact, la pénétration d'esprit indispensable pour aller chercher, sous une phrase d'apparence parfois anodine, la pensée secrète et répréhensible aux yeux de la loi? Le point précis où commence le délit de presse est quelquefois si difficile à déterminer, que les magistrats les plus expérimentés hésitent sur la conduite à tenir, et que, là où tel d'entre eux ordonnera la poursuite, tel autre s'abstiendrait : comment veut-on, dès lors, qu'un homme étranger aux subtilités juridiques fixe ce point avec certitude? Non, cela n'est pas juste ; d'autant que cela n'est pas même possible dans la plupart des cas. Le Code pénal, les lois de la Restauration, ont été établis à une époque où la publicité n'avait pas acquis cette habitude de fiévreuse instantanéité qui la caractérise aujourd'hui ; à une époque surtout où l'Imprimerie n'était pas encore entrée dans cette voie de la grande industrie où la force des choses la précipite de plus en plus. Le législateur pouvait alors présumer, avec quelque apparence de raison, l'imprimeur en état de se rendre compte des travaux auxquels il prêtait son concours ; aujourd'hui il n'en est plus ainsi. Les journaux se composent et s'impriment avec une telle rapidité, les brochures et les ouvrages se concentrent en telles masses dans les grands établissements, qu'il y a souvent impossibilité matérielle pour l'imprimeur à parcourir, même superficiellement, tous les écrits qui sortent de ses presses. Cette situation est tellement évidente, que la jurisprudence s'adoucit chaque jour sur ce point, et que les tribunaux n'appliquent plus qu'avec la plus louable modération les peines édictées par les lois contre les imprimeurs, pour complicité dans les délits de presse.

Donc, en stricte équité, il n'y a de culpabilité réelle pour l'imprimeur que lorsqu'il cherche à soustraire ses produits au contrôle de l'autorité ; donc la loi ne doit atteindre en lui que l'intention manifeste de clandestinité, et ne l'astreindre qu'à des formalités de police qui s'accommodent à tous les régimes et à toutes les variations politiques. Nous nous retrouvons donc ici simplement sur le terrain économique.

Voilà le droit : que peut perdre la société à l'appliquer dans toute son étendue? La complicité légale arrête-t-elle l'imprimeur ? S'il en était ainsi, aucun journal, aucun écrit politique ayant une allure tant soit peu opposante, ne pourrait se publier. Quand l'imprimeur refuse des travaux de ce genre, c'est pour des raisons d'une tout autre nature ; c'est que son intérêt positif et immédiat lui commande de le faire (1). Lorsqu'il n'est pas retenu par cette considération, il affronte, dans la très-grande majorité des cas, toutes les conséquences de la loi, surtout lorsqu'il s'agit d'un journal, le seul pain quotidien, le seul aliment certain et régulier d'un atelier typographique.

Nous ne pouvons nous dispenser de faire remarquer que nous sommes ici complétement d'accord avec les Congrès d'imprimeurs. En effet, voici deux des trois résolutions prises par celui de Paris du 31 mars :

« II. Le Congrès émet le vœu que l'Imprimerie soit réglementée par une loi spéciale, et qu'elle cesse d'être confondue avec la presse périodique.

« III. Il demande : 1° que les imprimeurs n'encourent la peine de l'emprisonnement ou de l'amende que lorsque l'auteur ou l'éditeur est inconnu ou absent ; 2° qu'ils ne soient déclarés civilement responsables qu'en cas d'insolvabilité de l'auteur ou de l'éditeur ; 3° qu'ils ne soient pas privés du bénéfice des circonstances atté-

(1) L'imprimeur, comme tout industriel et plus que tout autre peut-être, tient à ne pas être désagréable à sa clientèle. S'il travaille pour l'Administration, il se refusera à faire un journal d'opposition; s'il est l'imprimeur du Clergé, il ne se chargera pas d'une publication rationaliste ou protestante. Il tiendra même compte, et nous connaissons des exemples du fait, des coteries scientifiques ou littéraires. Si les choses ne se passent pas tout à fait ainsi à Paris, en province c'est la règle.

nuantes ; 4° que les délits et contraventions soient prescrits par le laps d'un mois à dater du jour du dépôt légal. »

Tout cela est très-juste et très-raisonnable. Mais pourquoi, dans votre première résolution, déclarer que vous n'avez pas à vous « prononcer sur l'opportunité du maintien ou de la suppression du brevet ? » C'était, tout au moins, parfaitement inutile : du moment que votre responsabilité *politique* cesse, le brevet, garantie de cette responsabilité, disparaît. Cela coule de source. Pas un Gouvernement, pas un Parlement français, ne voudra prendre sur lui l'odieux de rétablir à votre profit les lettres de maîtrise, et les brevets ne seraient plus autre chose.

Nous ne pouvons mieux faire, pour résumer la question, que de rapporter ici l'opinion d'un de nos économistes les **plus** distingués, M. Courcelle-Seneuil :

« Le monopoole de l'Imprimerie, dit-il, a un caractère purement économique : il ne touche en quoi que ce soit à la liberté de la presse et de la pensée. En effet, il est facile de concilier avec la liberté de l'Imprimerie le régime le plus oppressif de la pensée et de la presse, depuis la censure jusqu'aux lois péna... les plus draconiennes ; il suffirait, pour cela, de maintenir les dispositions de nos lois qui sont analogues à la loi anglaise. On peut, au contraire, concevoir, et on a vu en pratique la liberté illimitée de la presse coexister avec le monopole de l'Imprimerie (1). »

Nous ne devons pas négliger une dernière considération. La liberté de l'Imprimerie n'est pas un de ces essais aventureux sur lesquels plane toujours un doute plus ou moins pénible ; elle a fait ses preuves dans d'autres pays, et l'expérience a prononcé en sa faveur. Elle existe en Angleterre, en Belgique, en Suisse, aux États-Unis, dans la plus grande partie

____

(1) *Dictionnaire de l'économie politique*, article *Imprimerie*. — 2ᵉ édition ; Paris, Guillaumin, 1854.

de l'Allemagne, et ni les particuliers, ni les gouvernements,
ni même les imprimeurs ne s'en plaignent. Que si l'on nous
objecte que les institutions   "tiques de ces pays diffèrent
trop des nôtres pour qu'il so. "ossible d'établir une assimila-
tion rationnelle, nous répondrons par l'exemple de la Prusse,
où, même avant l'établissement du régime constitutionnel,
l'Imprimerie était aussi libre qu'aujourd'hui.

La liberté de notre industrie ne doit donc alarmer personne :
lorsqu'on en pèse les conséquences de sang-froid, on voit
qu'elles ne peuvent avoir rien de contraire à la bonne police
et à la moralité d'un pays ; qu'elles ne peuvent, en réalité, in-
fluencer ni l'une ni l'autre. Les hommes les plus opposés aux
idées modernes n'ont eux-mêmes rien à gagner au maintien
de l'état de choses actuel : le monopole n'a pas entravé le
développement de ces idées, ce n'est pas la liberté qui en
accélérera l'expansion ; leur avenir, comme leur passé. tient
à des faits d'un tout autre ordre.

Notre dernier mot sera un appel à la sagesse des chefs de
l'industrie typographique : la question, vue par la majorité
d'entre eux au prisme des intérêts alarmés, a revêtu à leurs
yeux un caractère si fantastique, qu'il est indispensable qu'elle
soit examinée de nouveau sous son véritable aspect. Qu'ils y
songent bien, d'ailleurs : leur monopole, — triste monopole,
en vérité ! — est en opposition si formelle avec le courant
d'idées économiques qui règne dans les hautes régions du
Pouvoir. et qui gagne de plus en plus tout le pays, il est une
anomalie si monstrueuse dans notre société de libre travail,
que, quoi qu'ils fassent, il disparaîtra. Ne vaut-il pas mieux,
dès lors, que cette éventualité se produise à une époque régu-

lière et calme, que si elle naissait d'une crise politique qui doublerait la difficulté de leur situation? A quoi sert, d'ailleurs, de reculer l'heure de la lutte, lorsqu'on ne peut pas y échapper? Acceptez-la donc, Messieurs, comme il convient à des hommes de cœur: cette disposition d'esprit vaudra mieux pour vous et pour tous qu'une irritation impuissante.

Paris. — Imp. PILLET fils aîné, rue des Grands-Augustins.

9 782013 489775